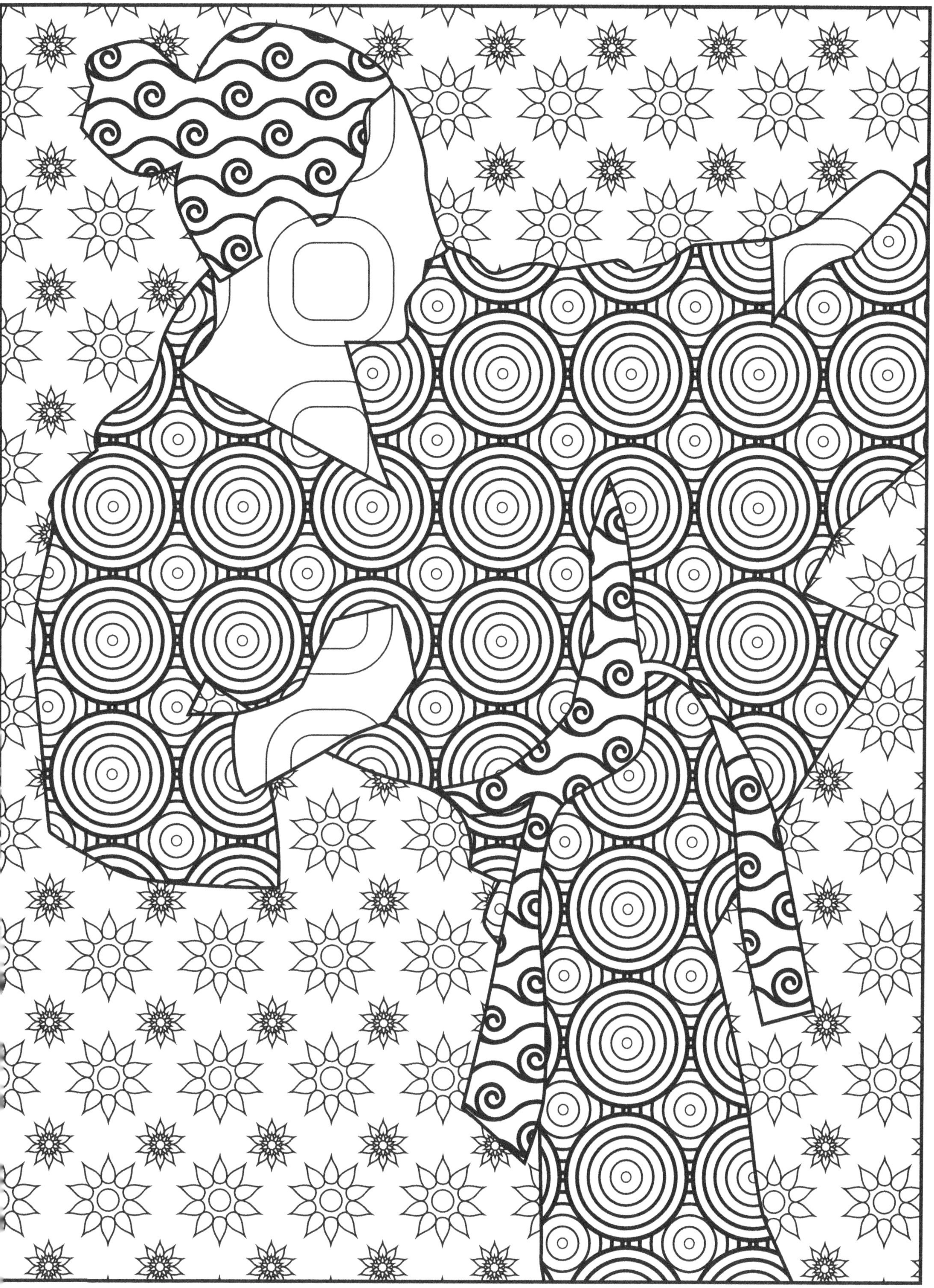

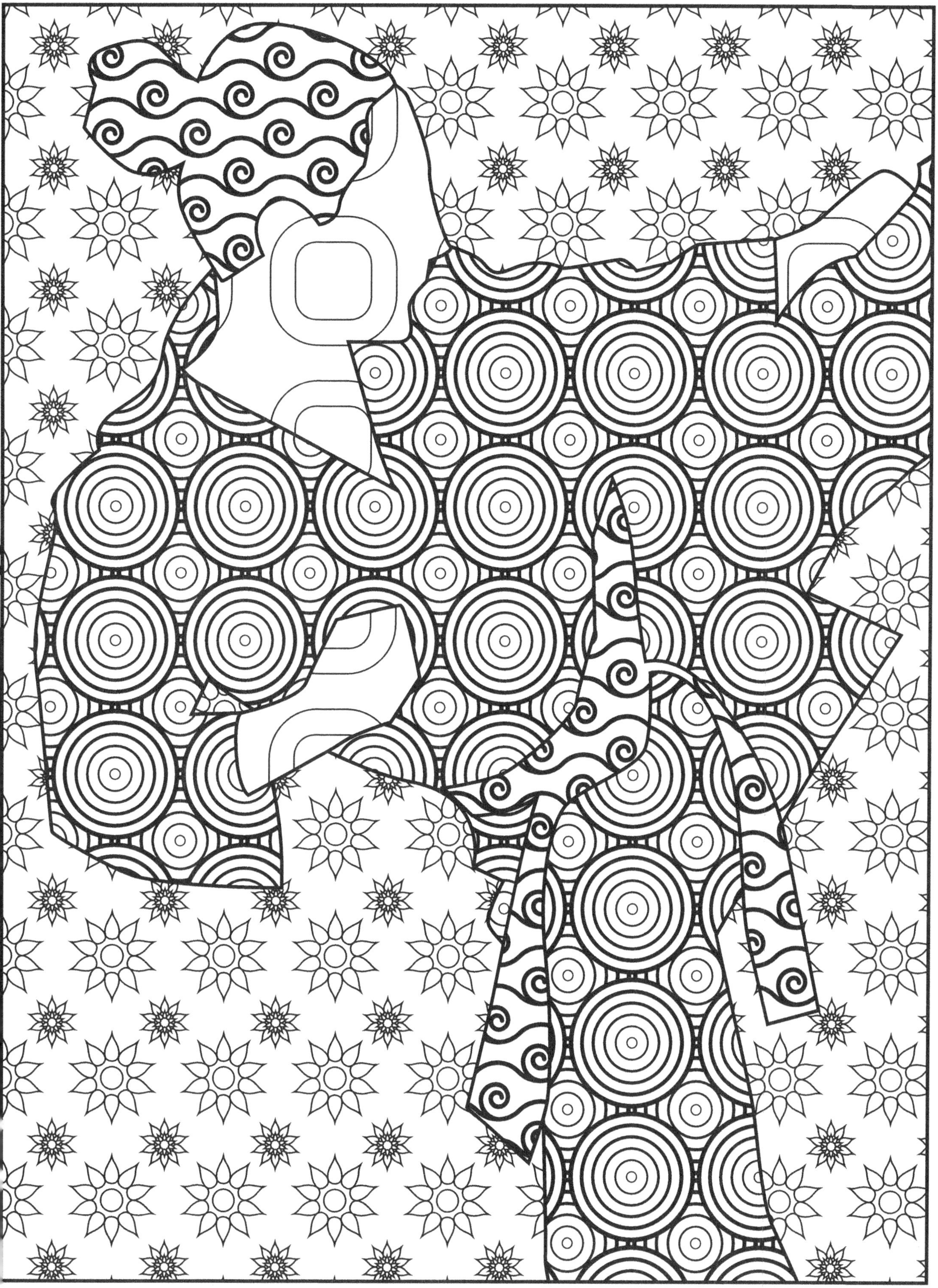

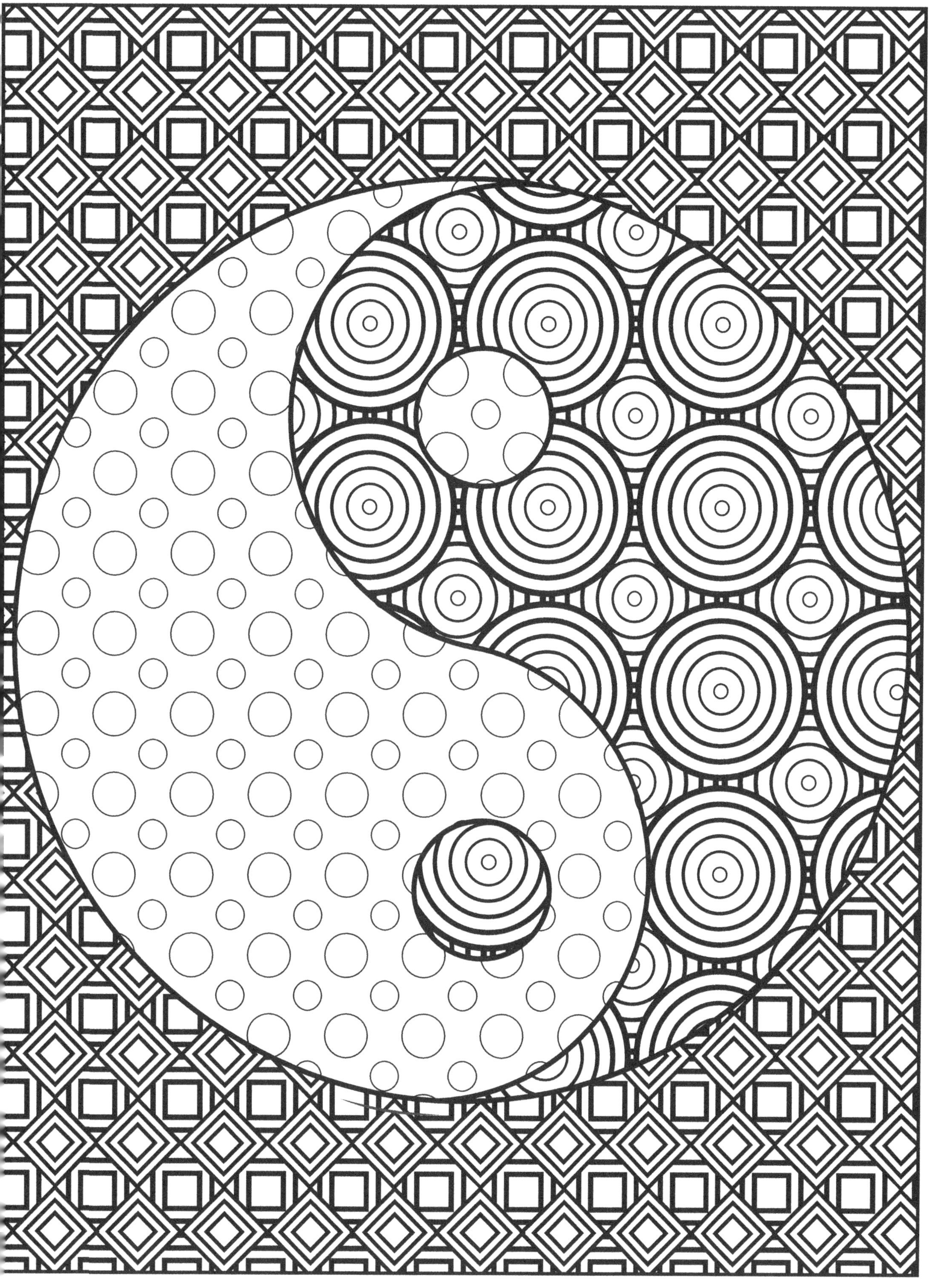

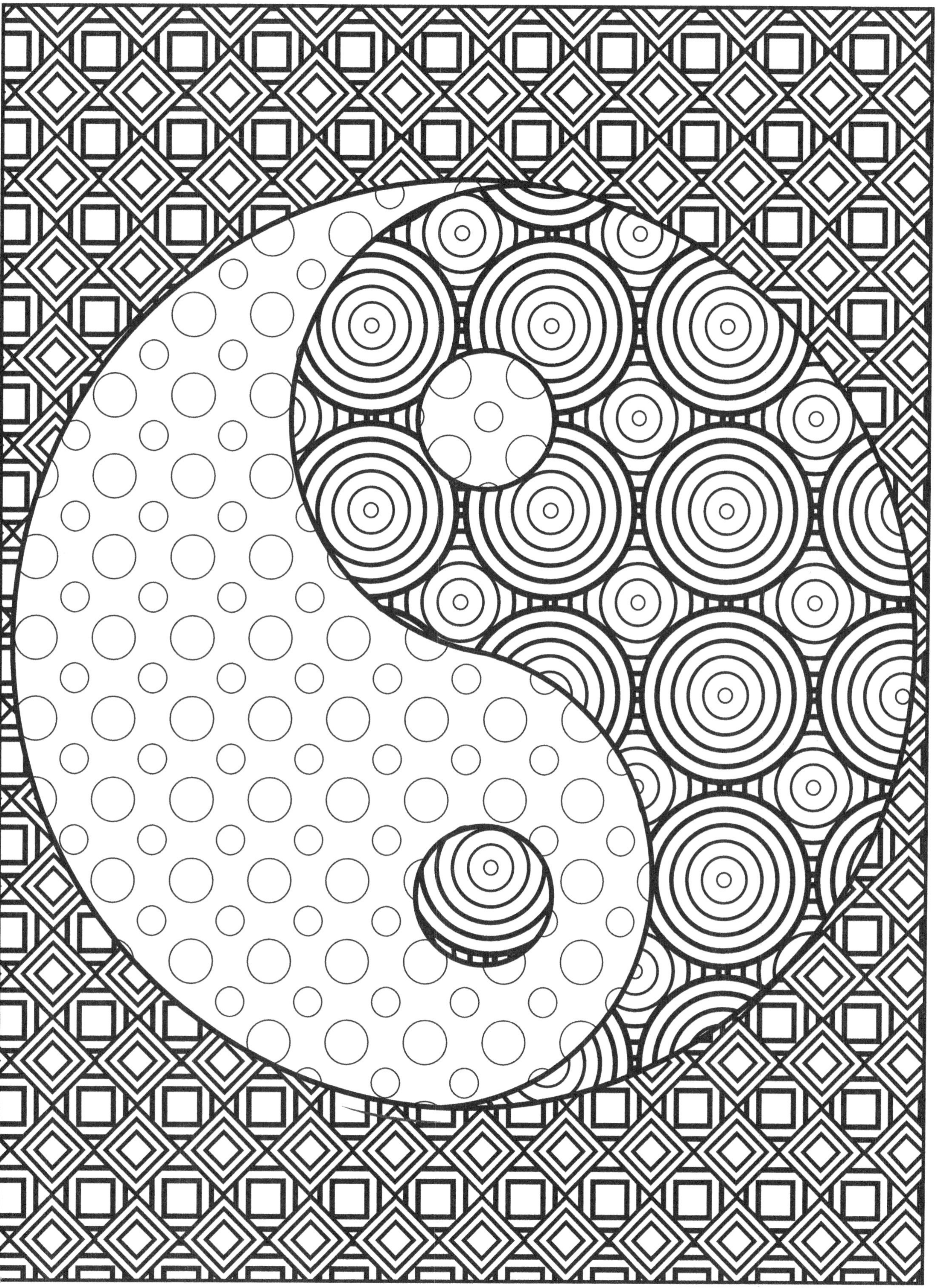

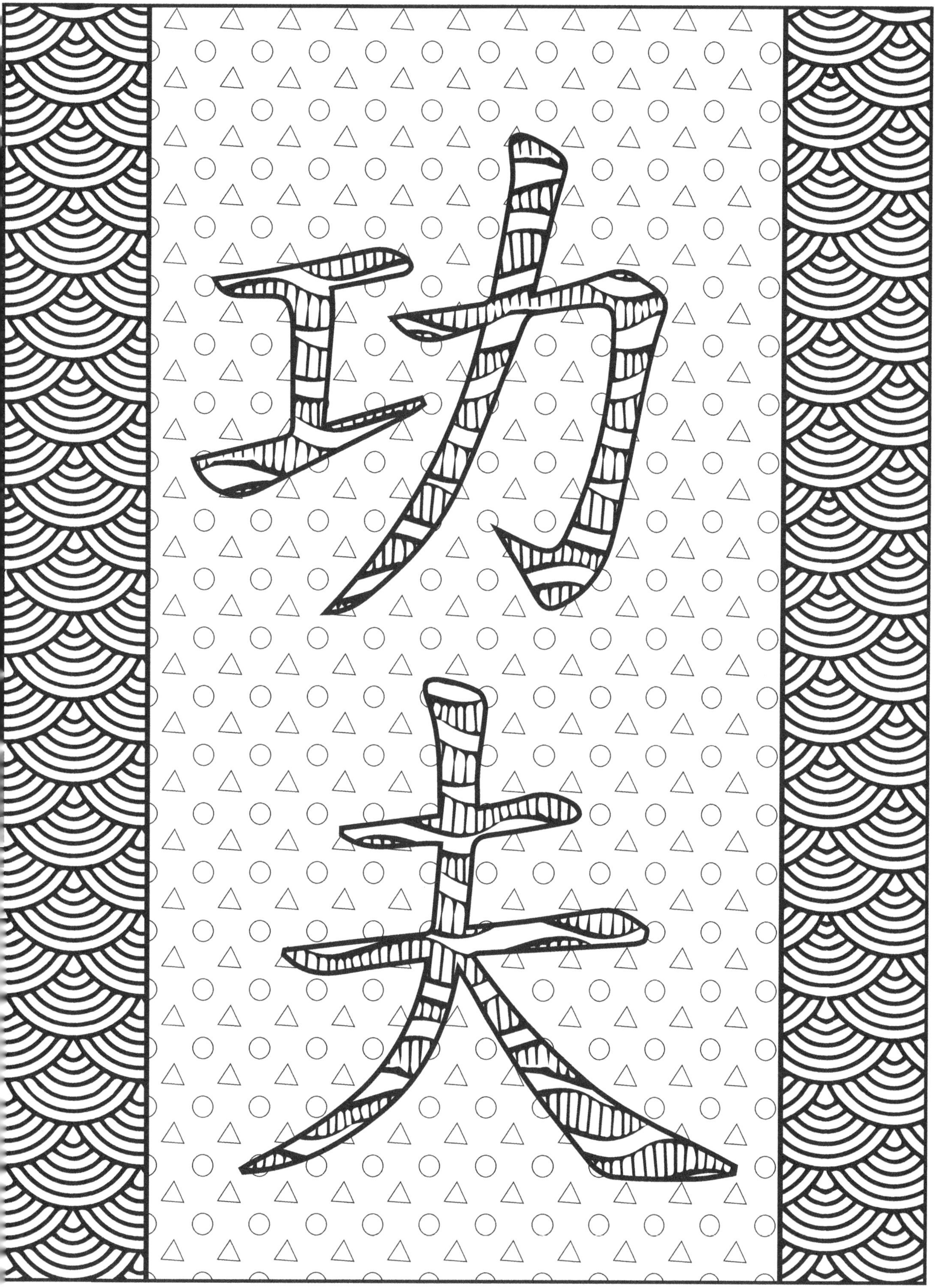
功夫

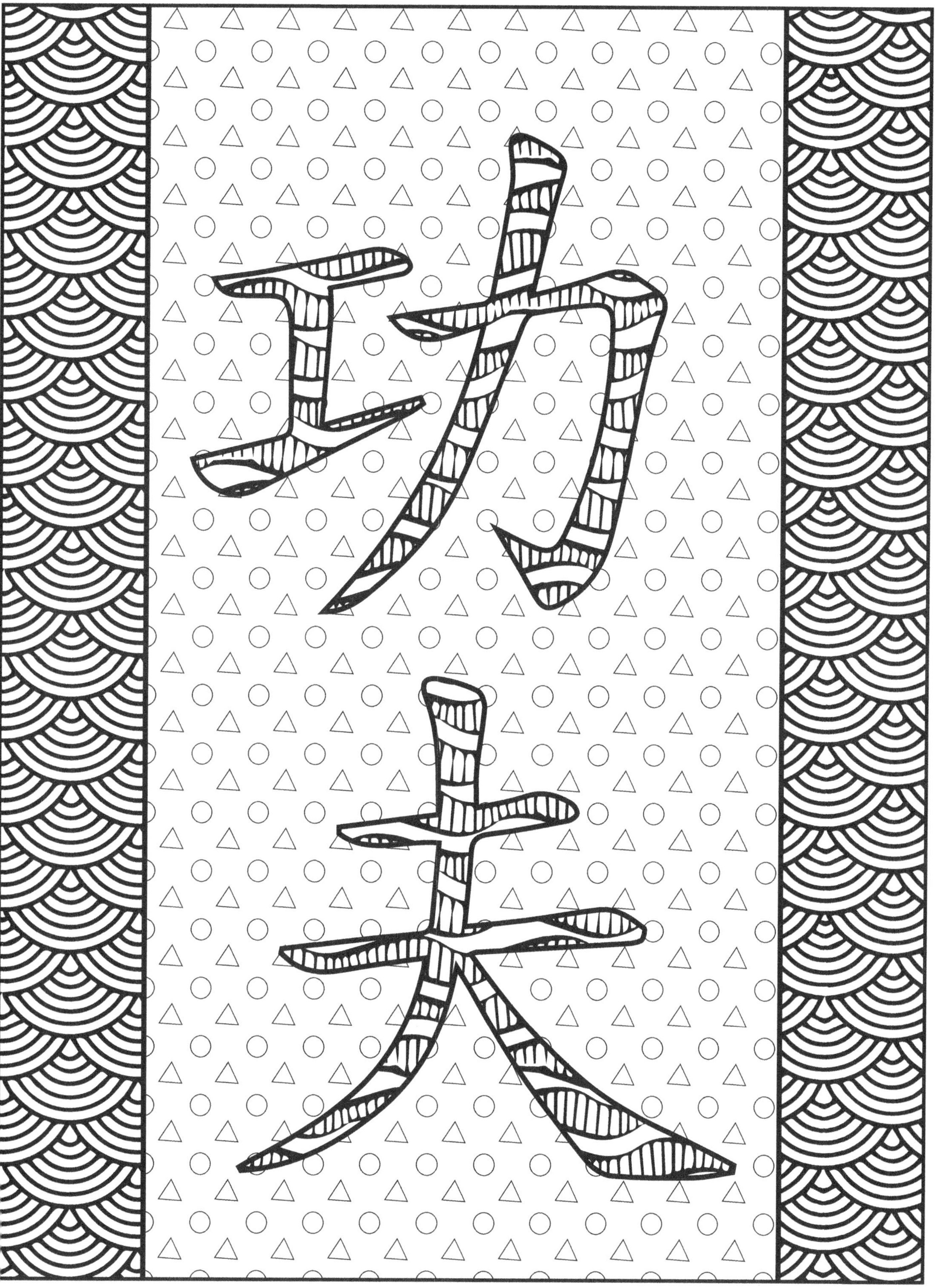
功夫

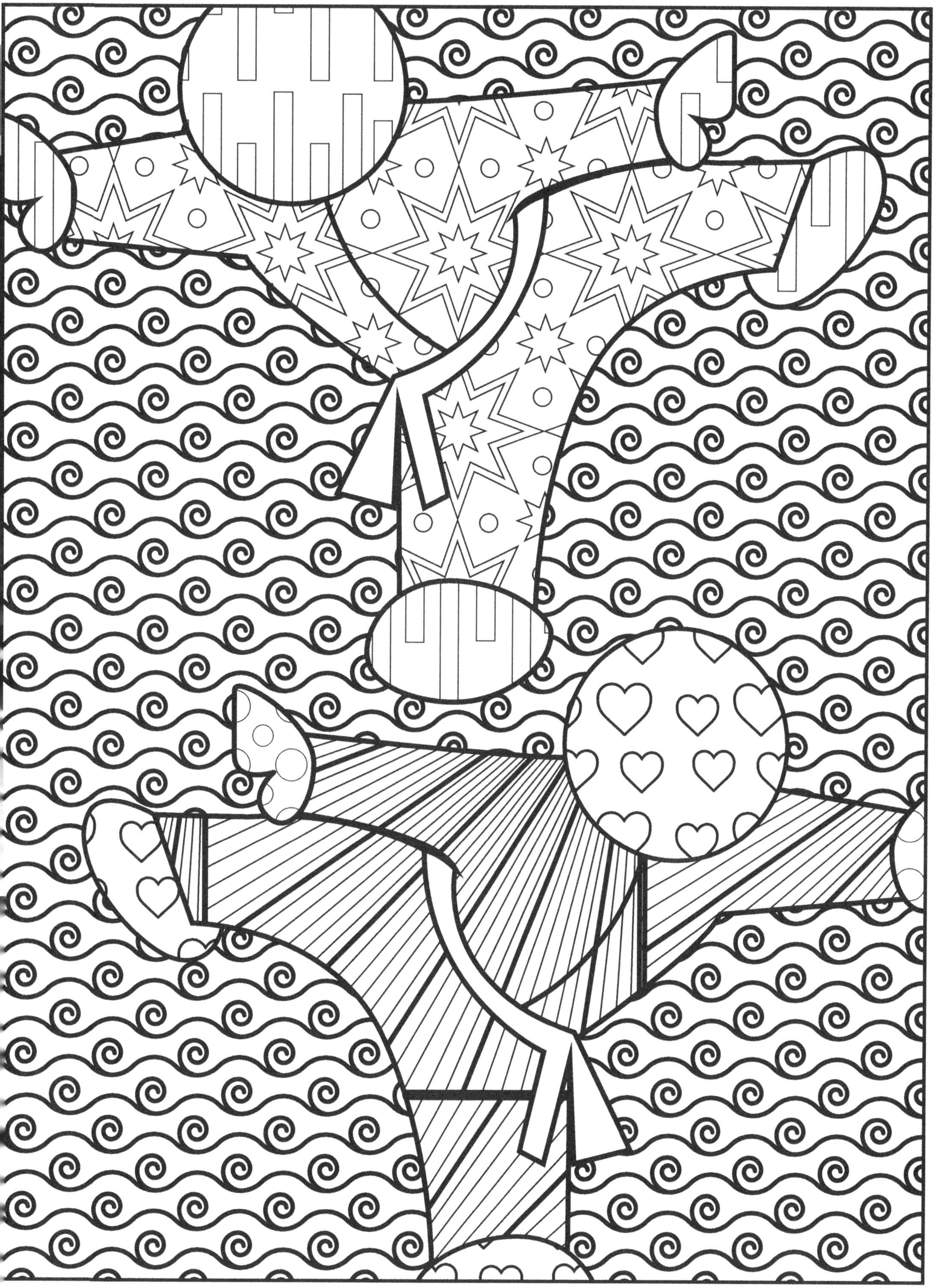

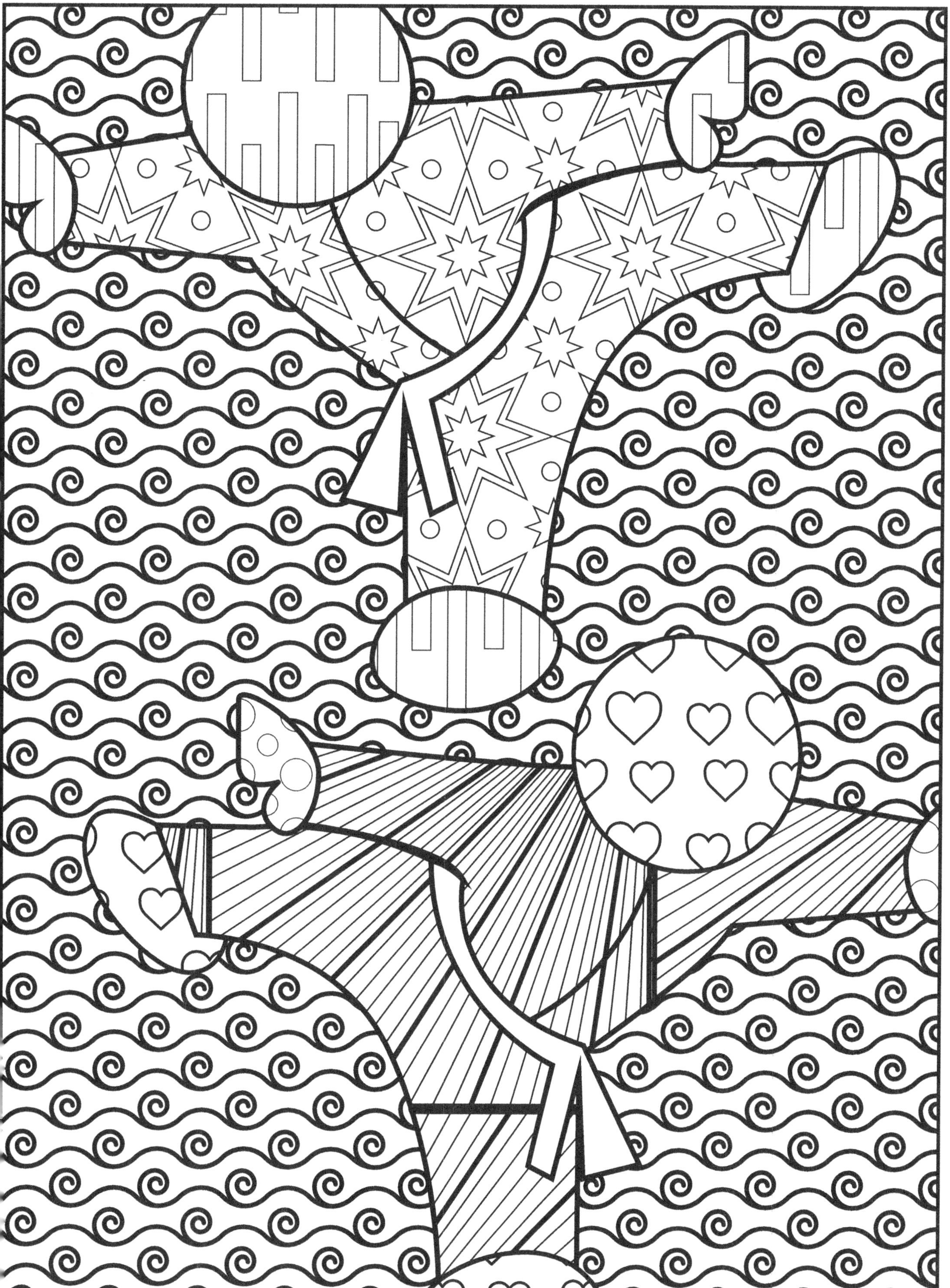

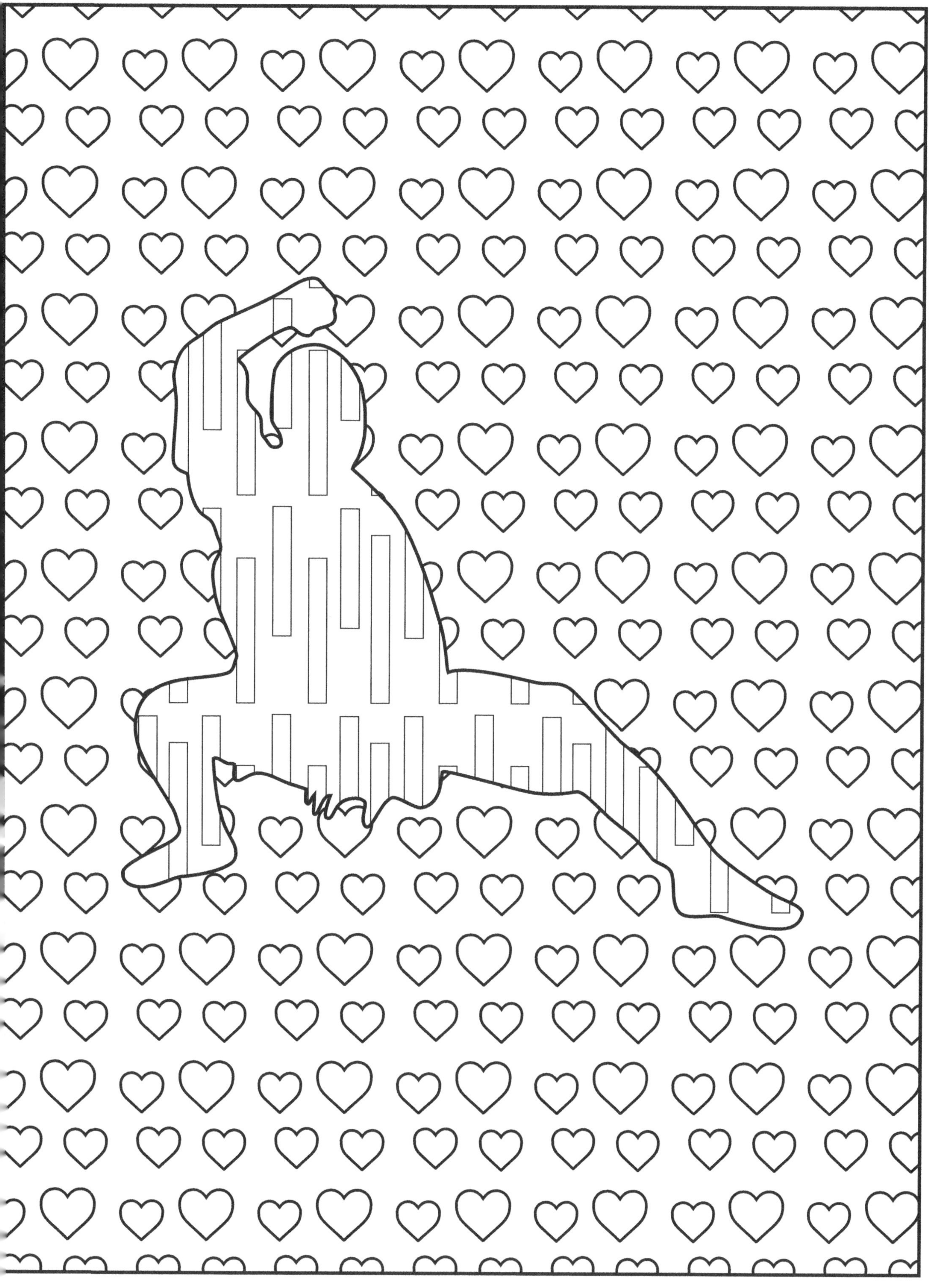

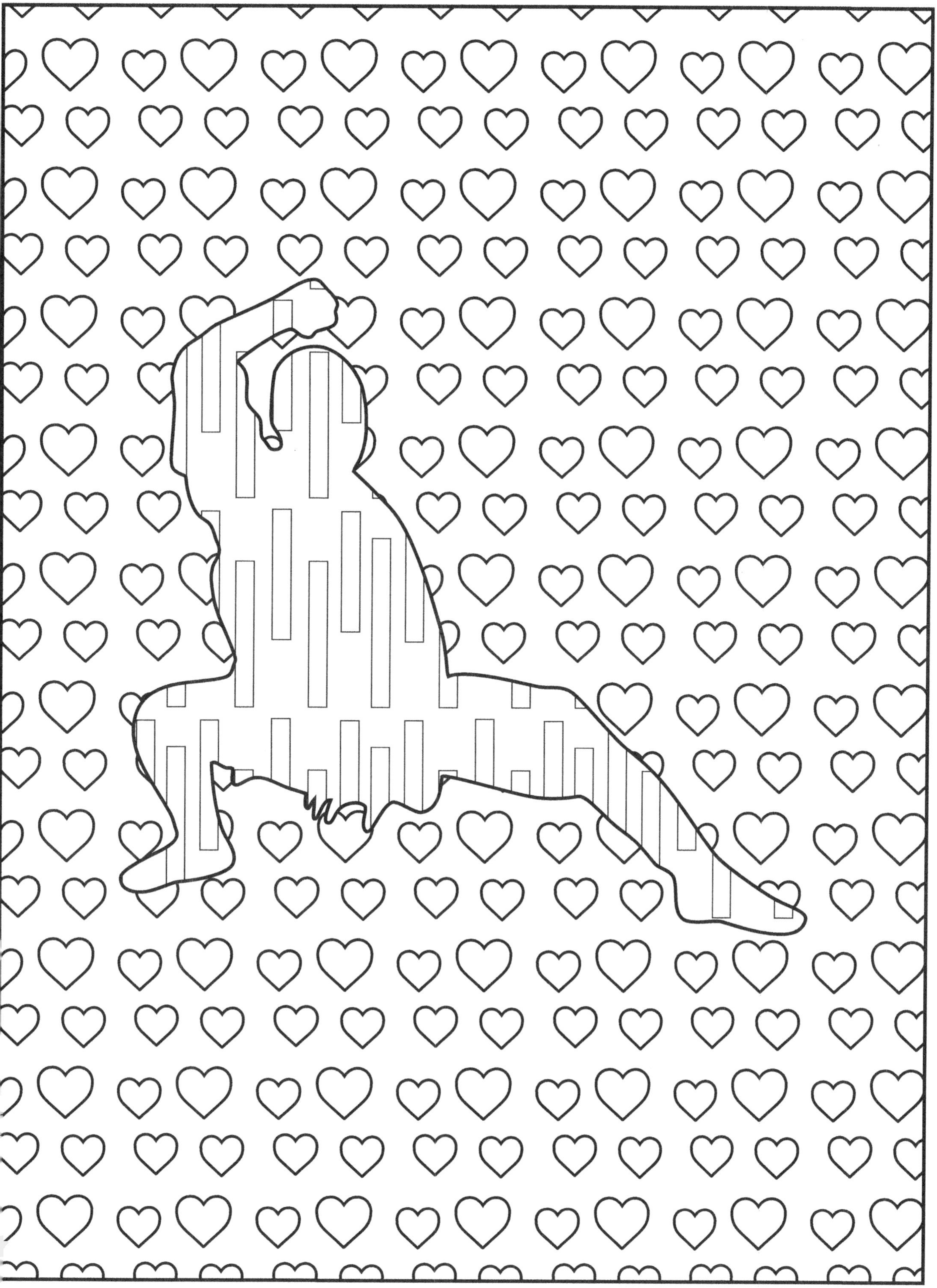

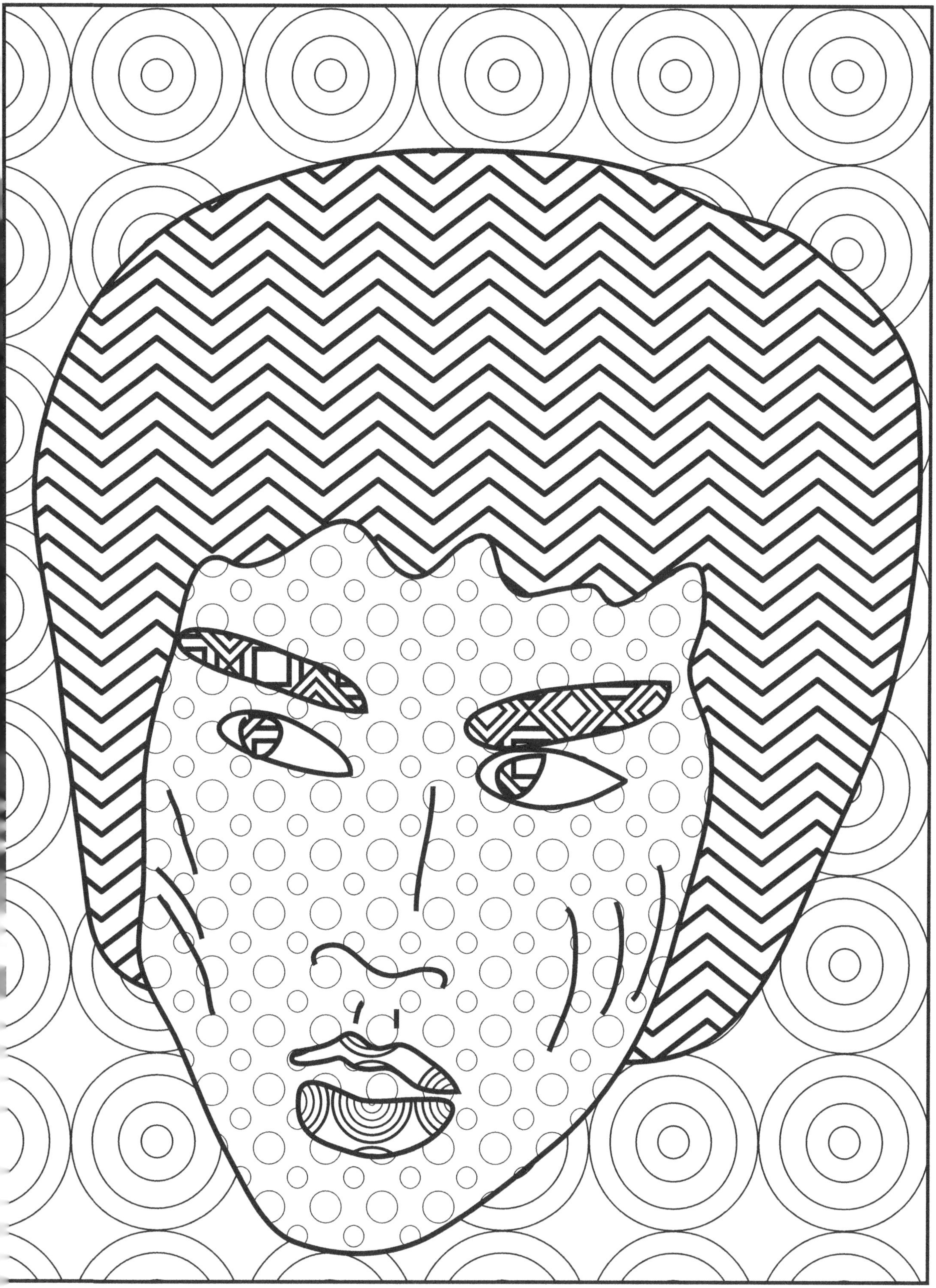

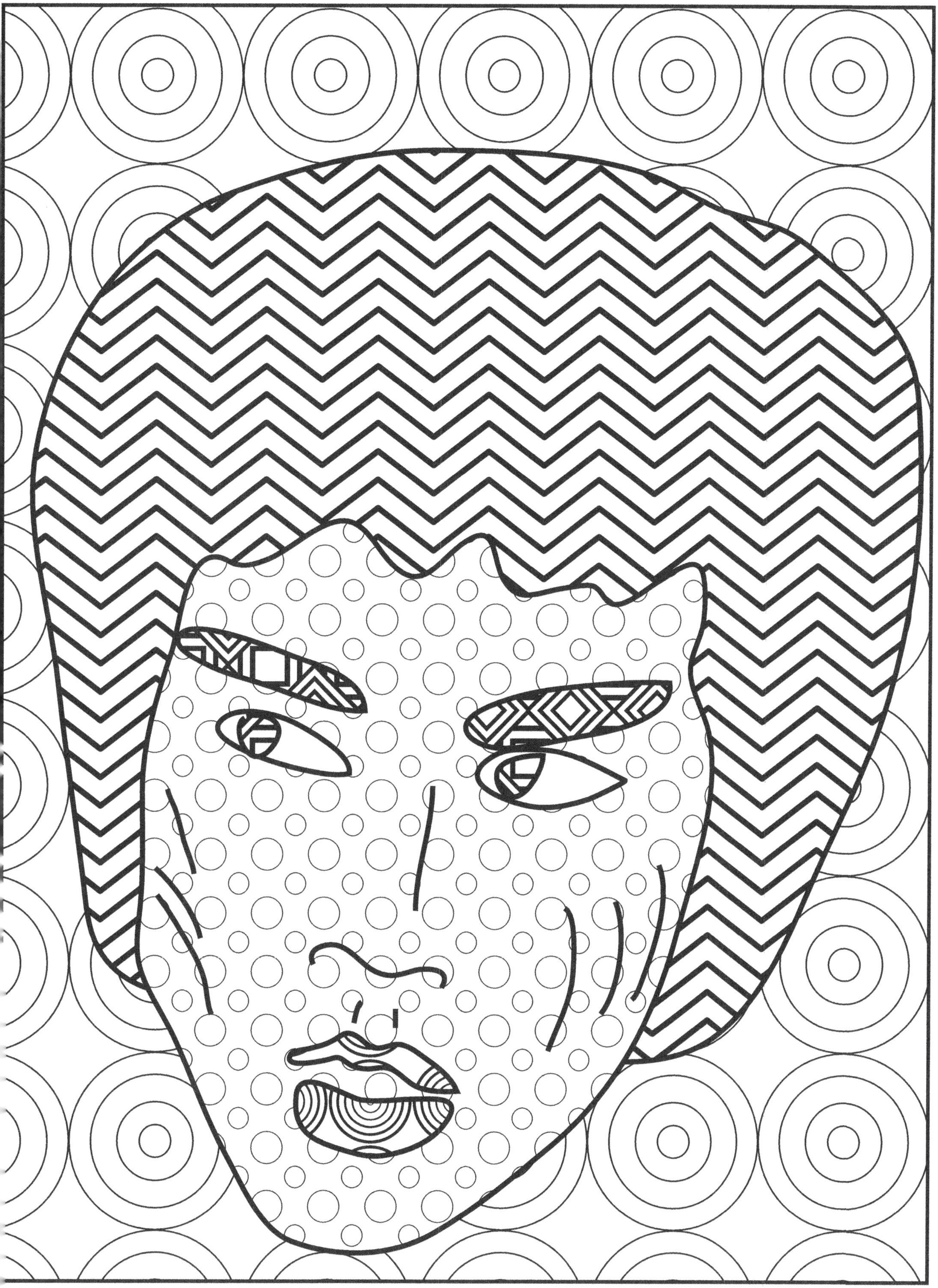

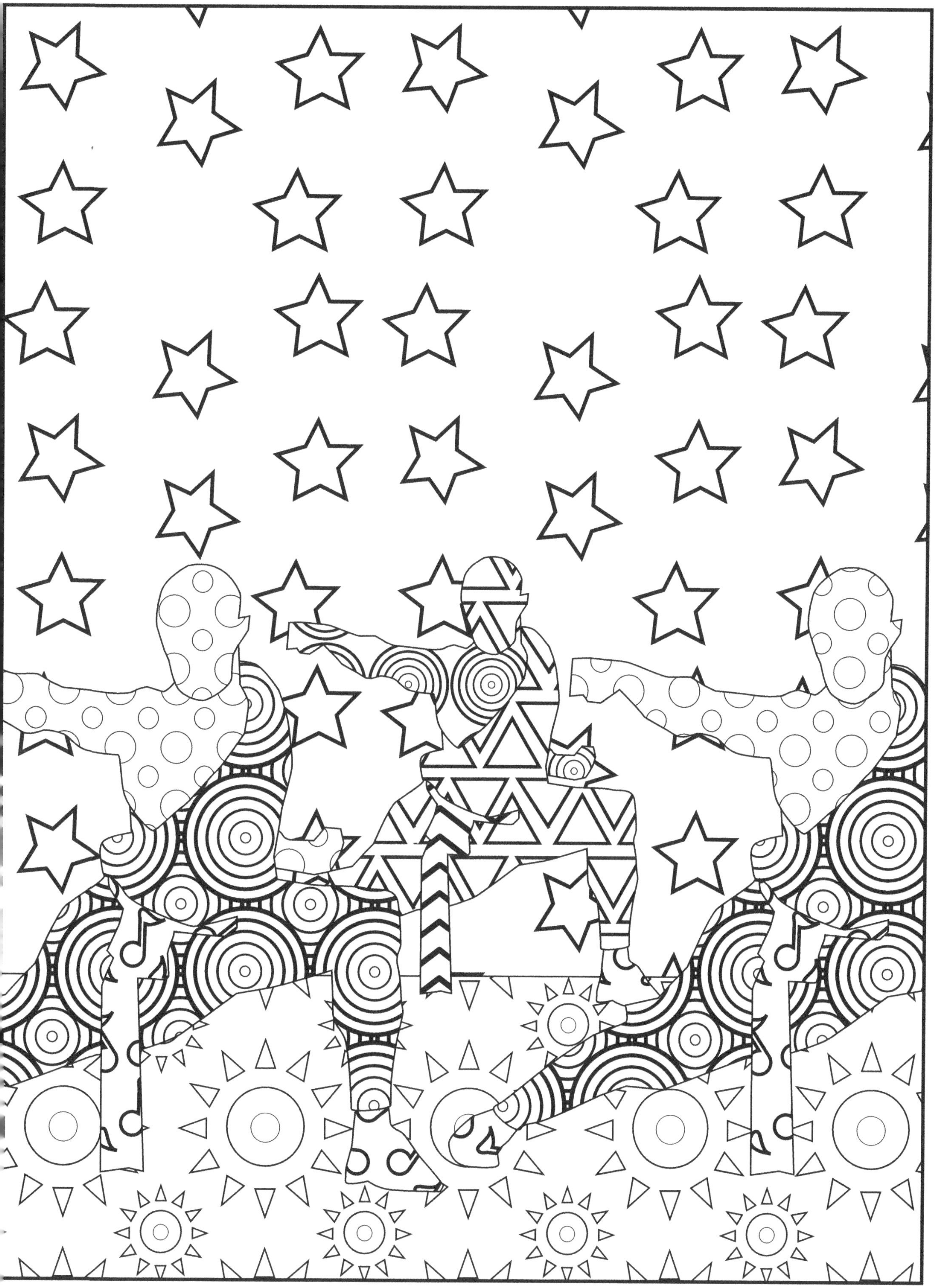

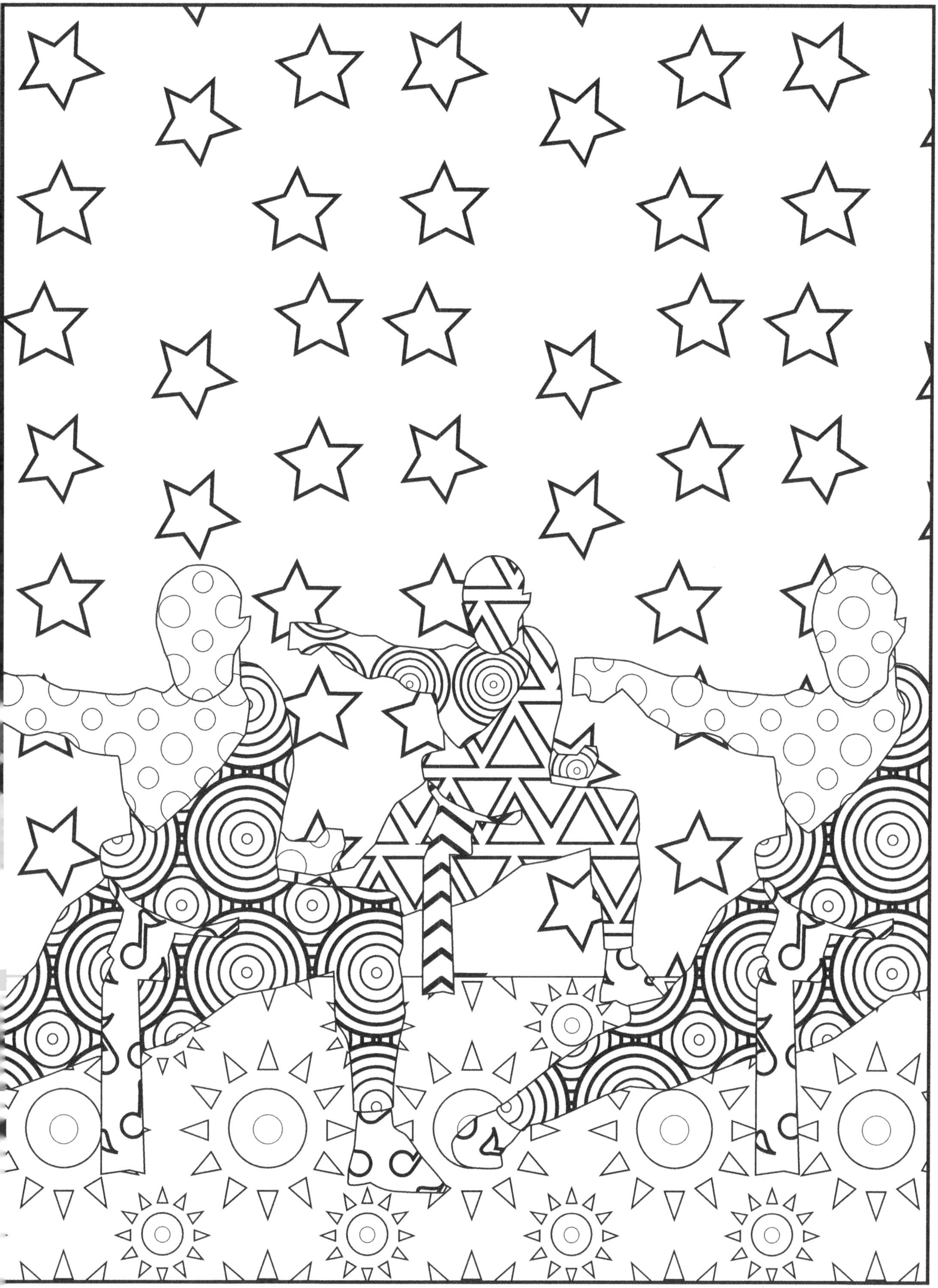

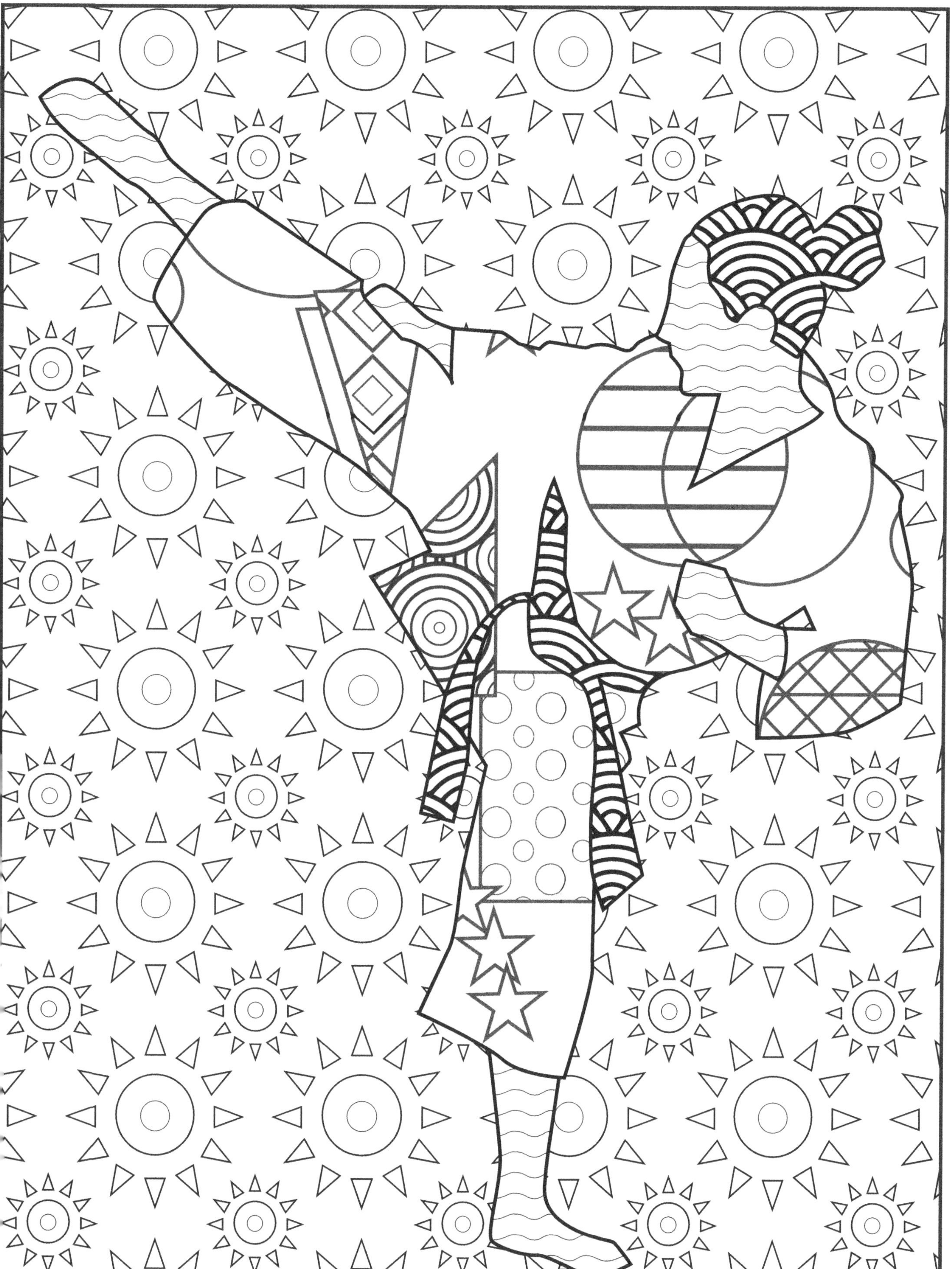

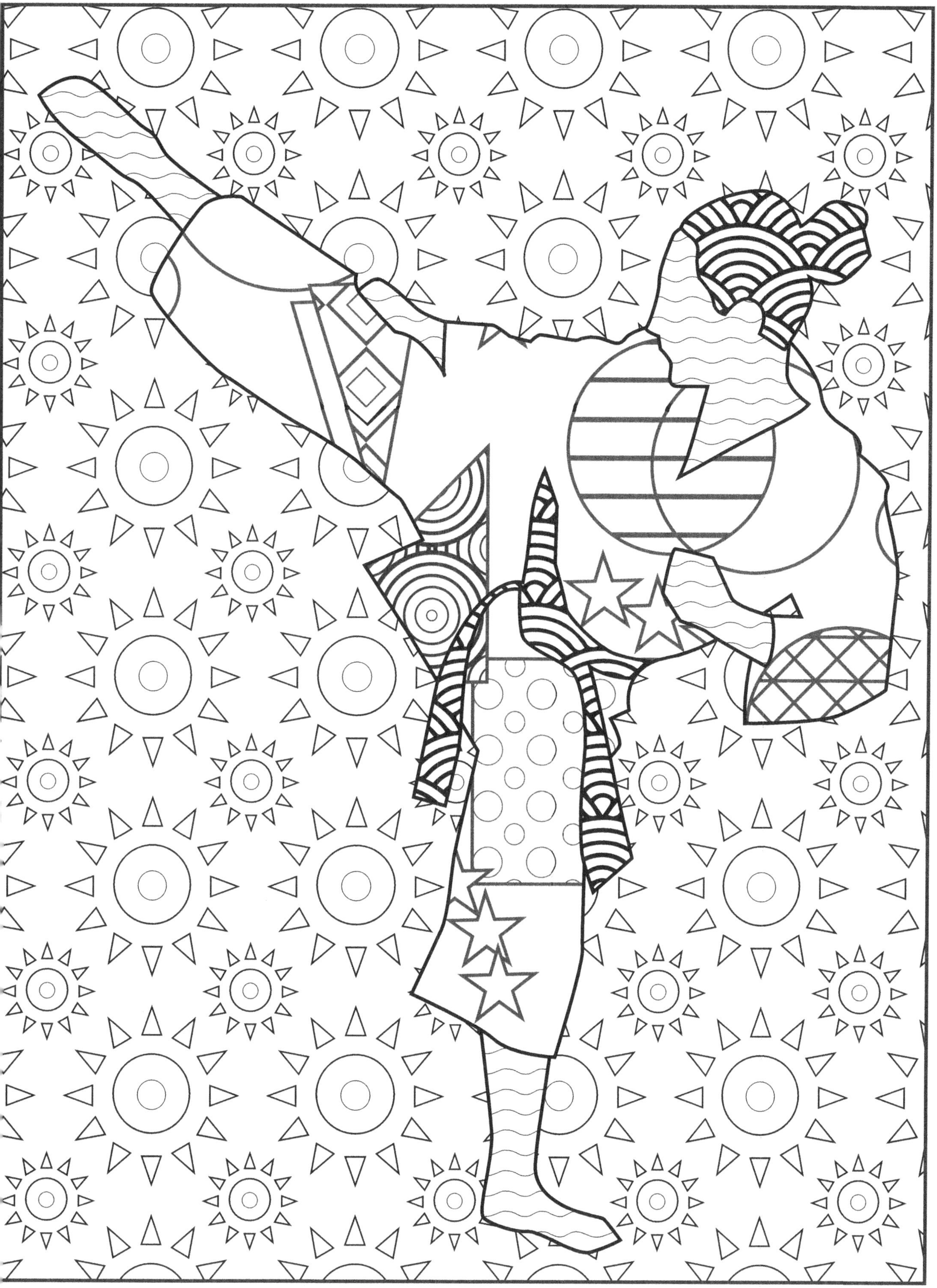

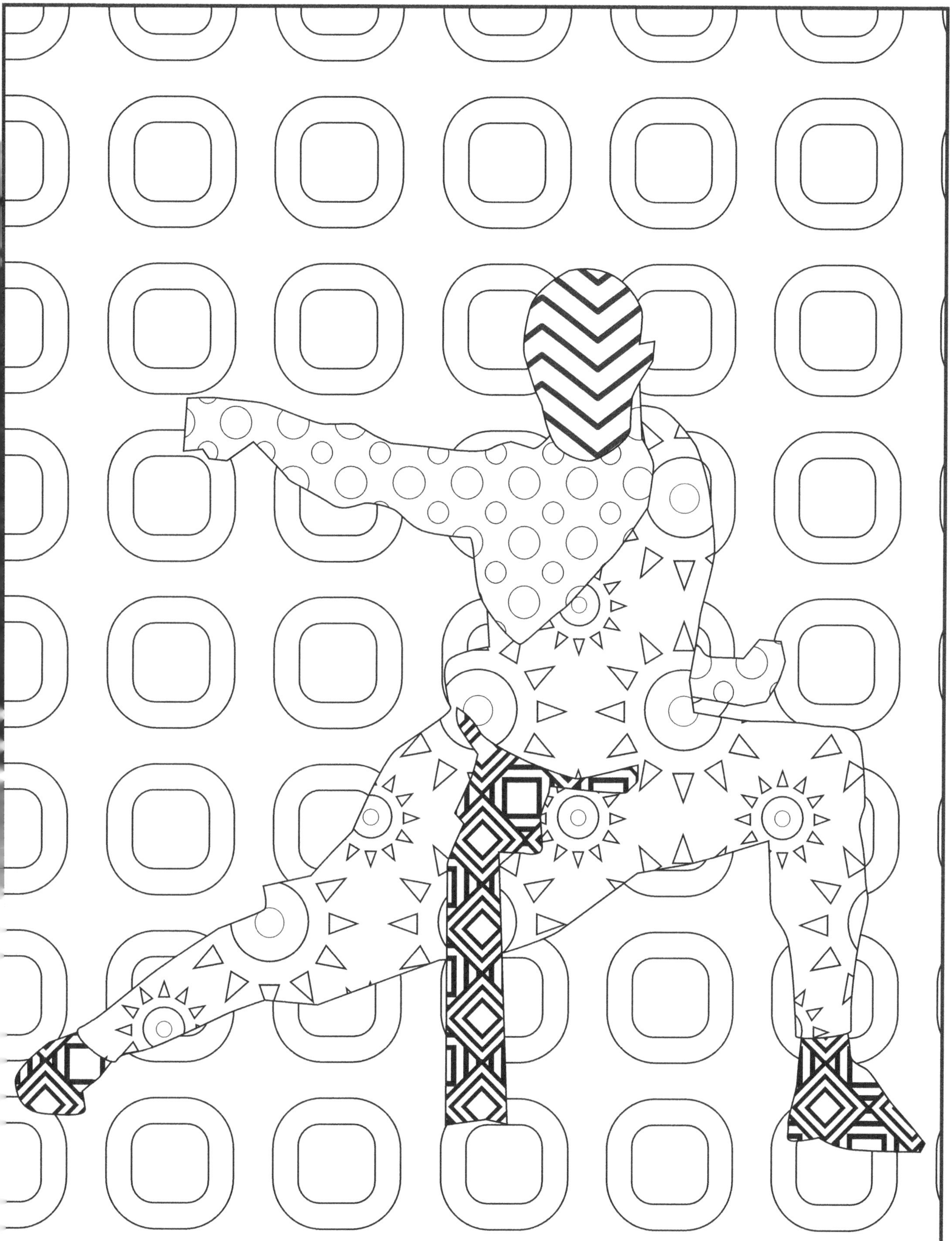

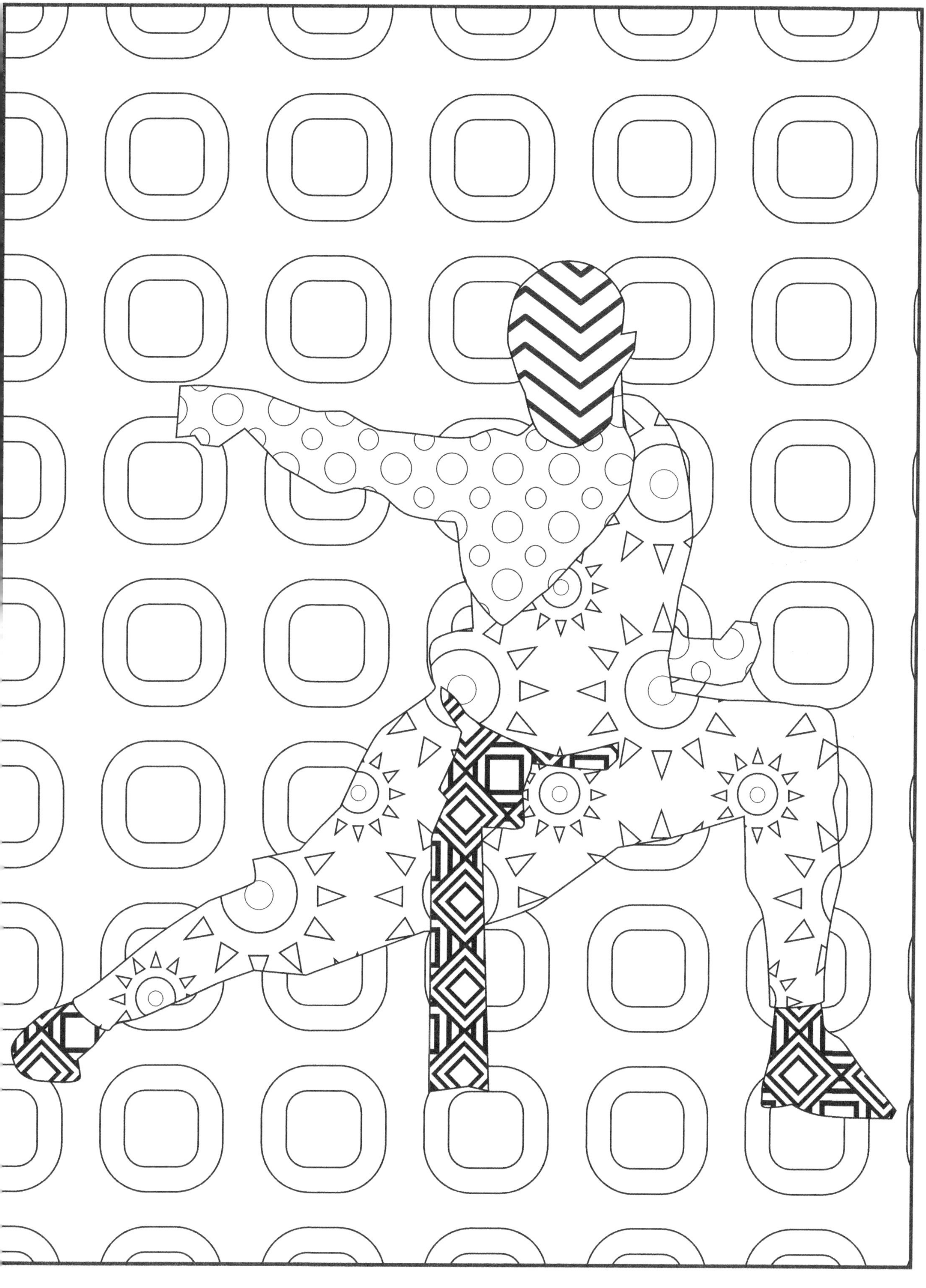

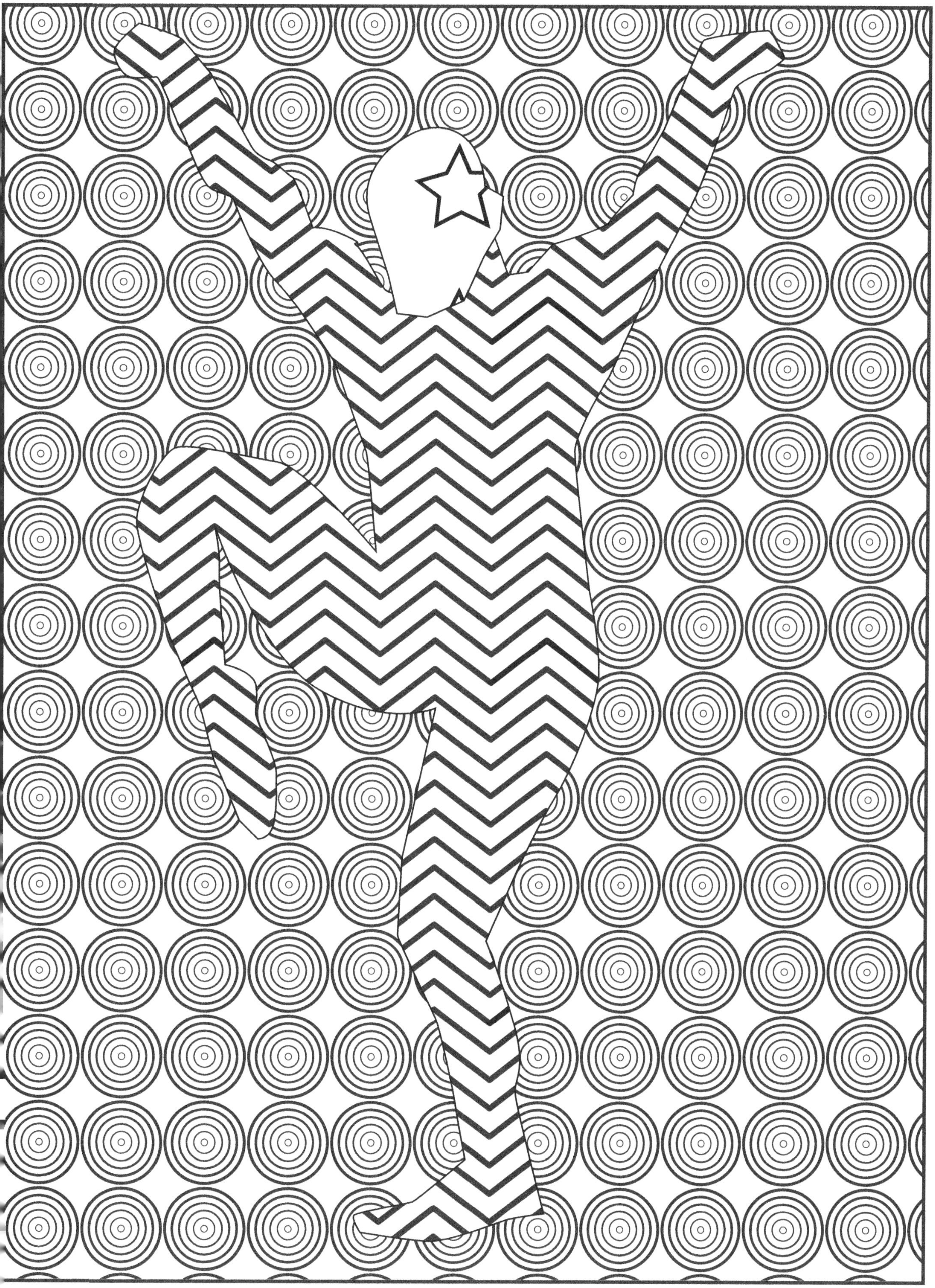

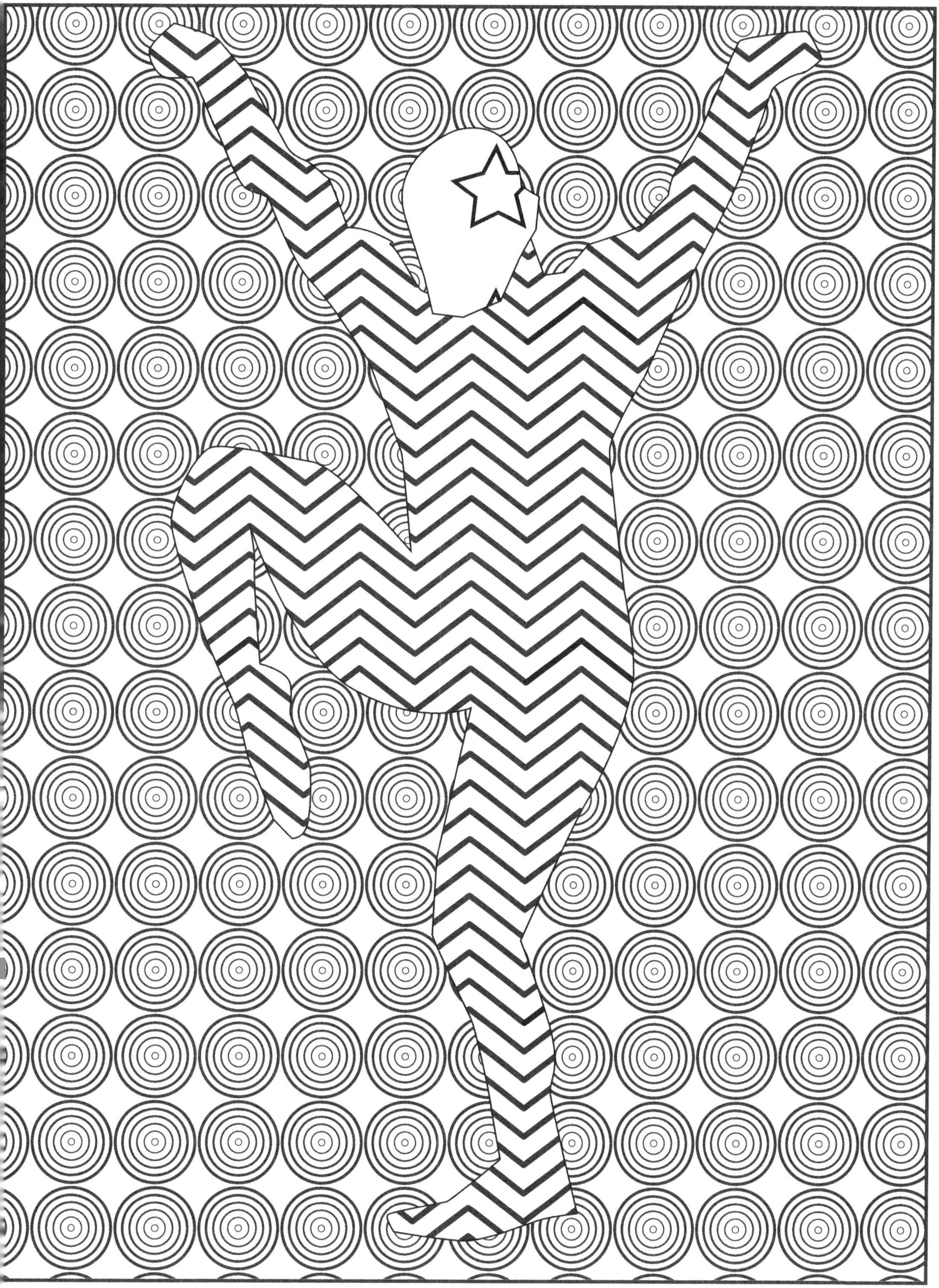

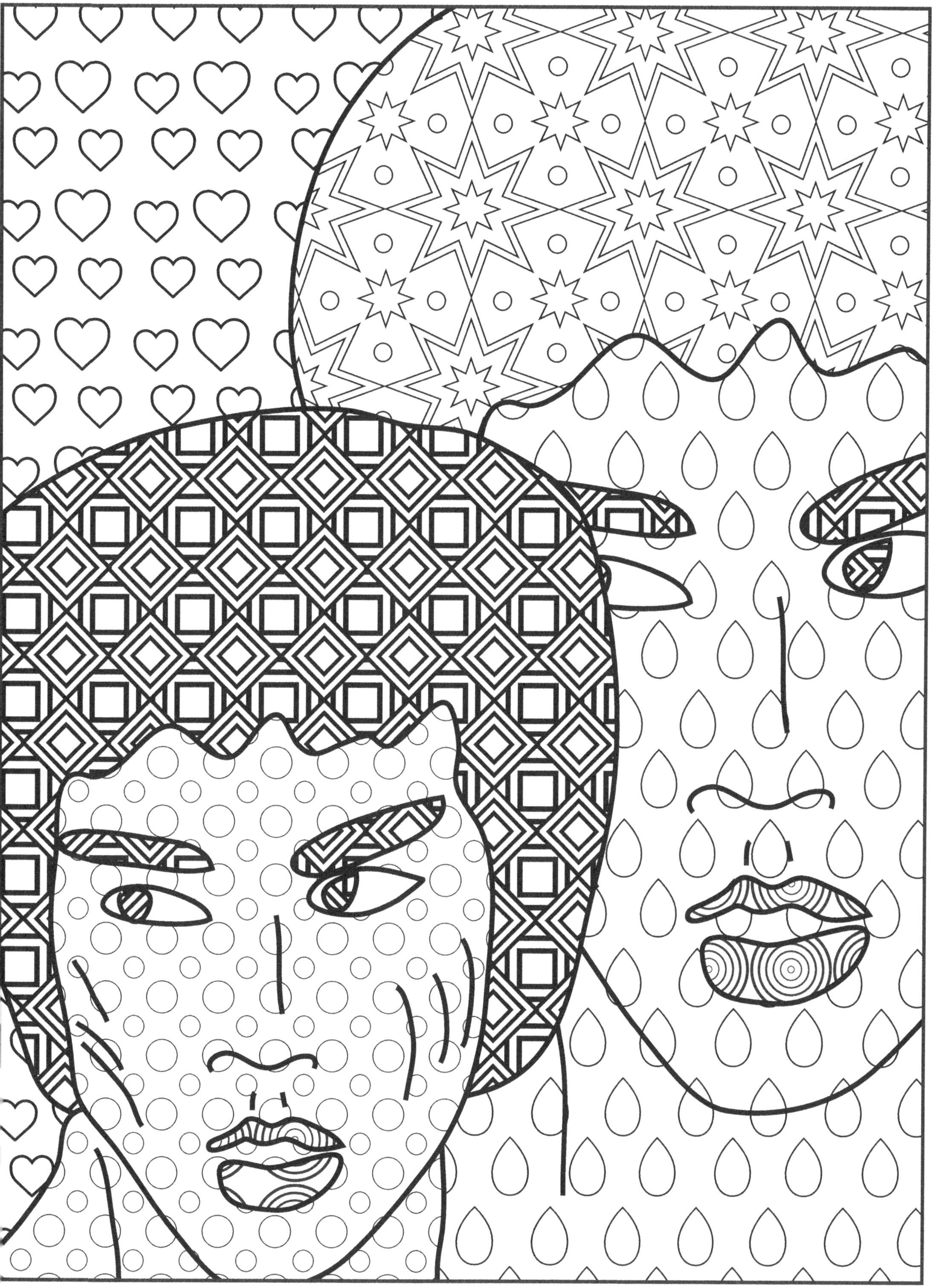

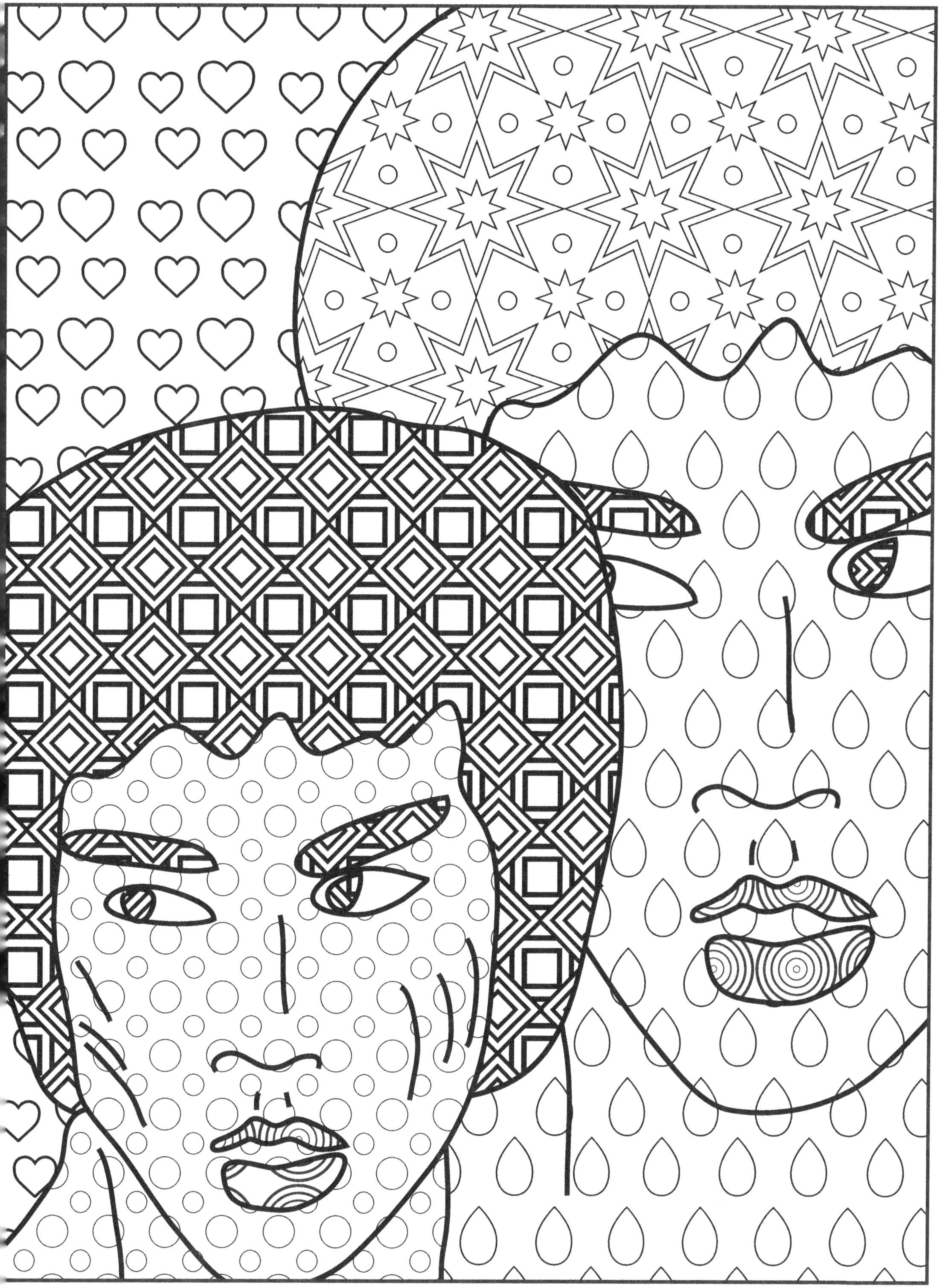

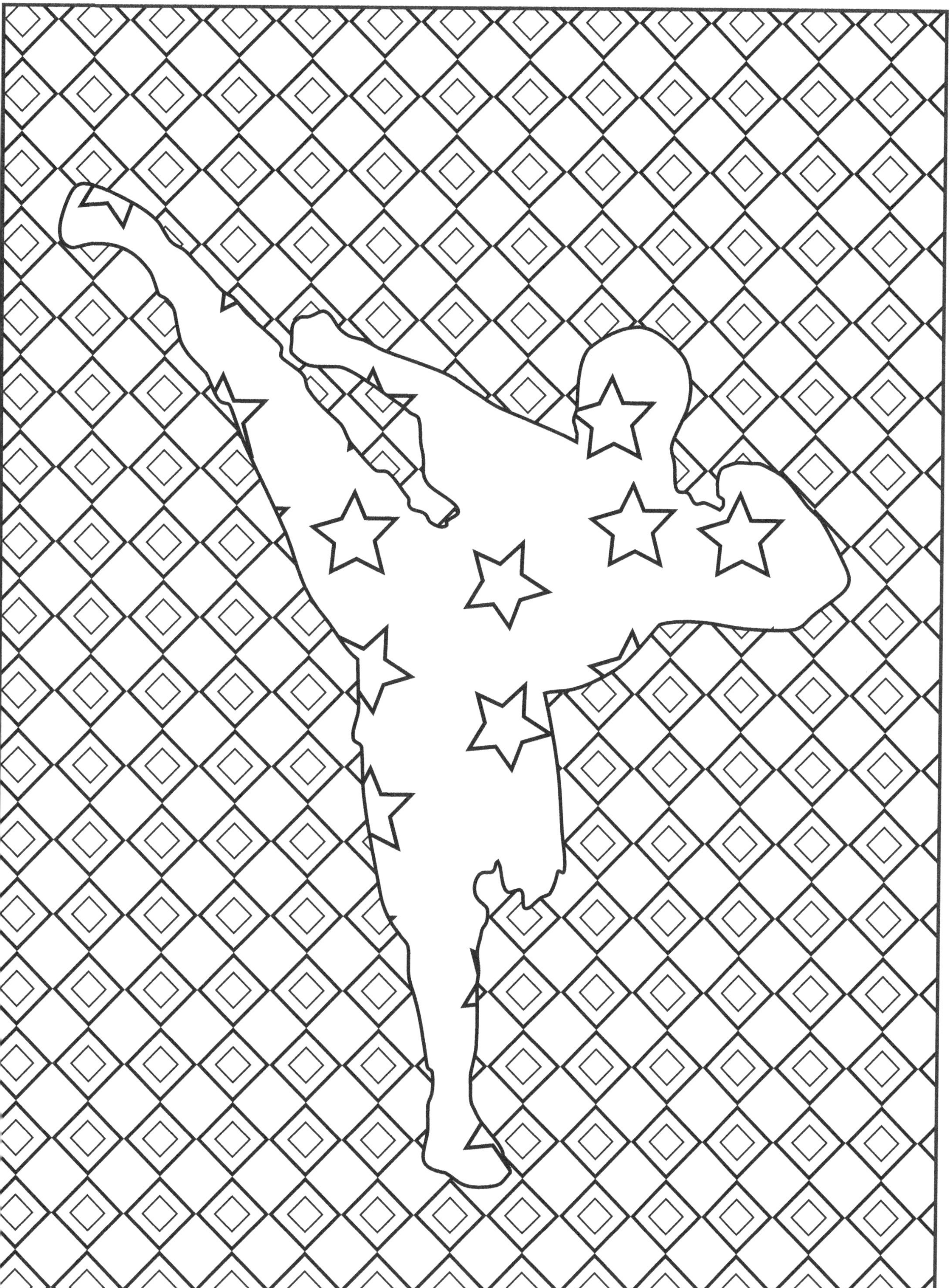

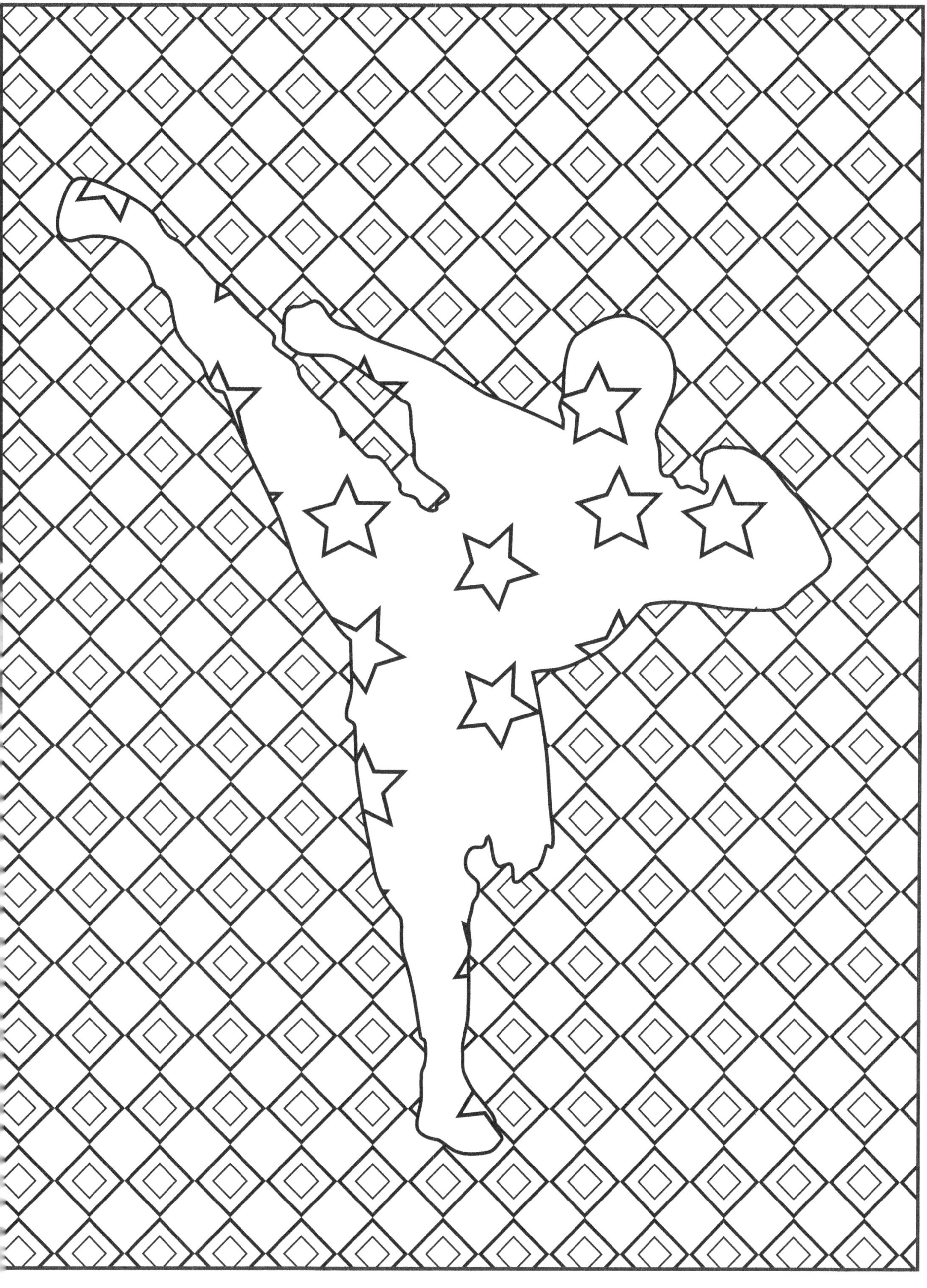

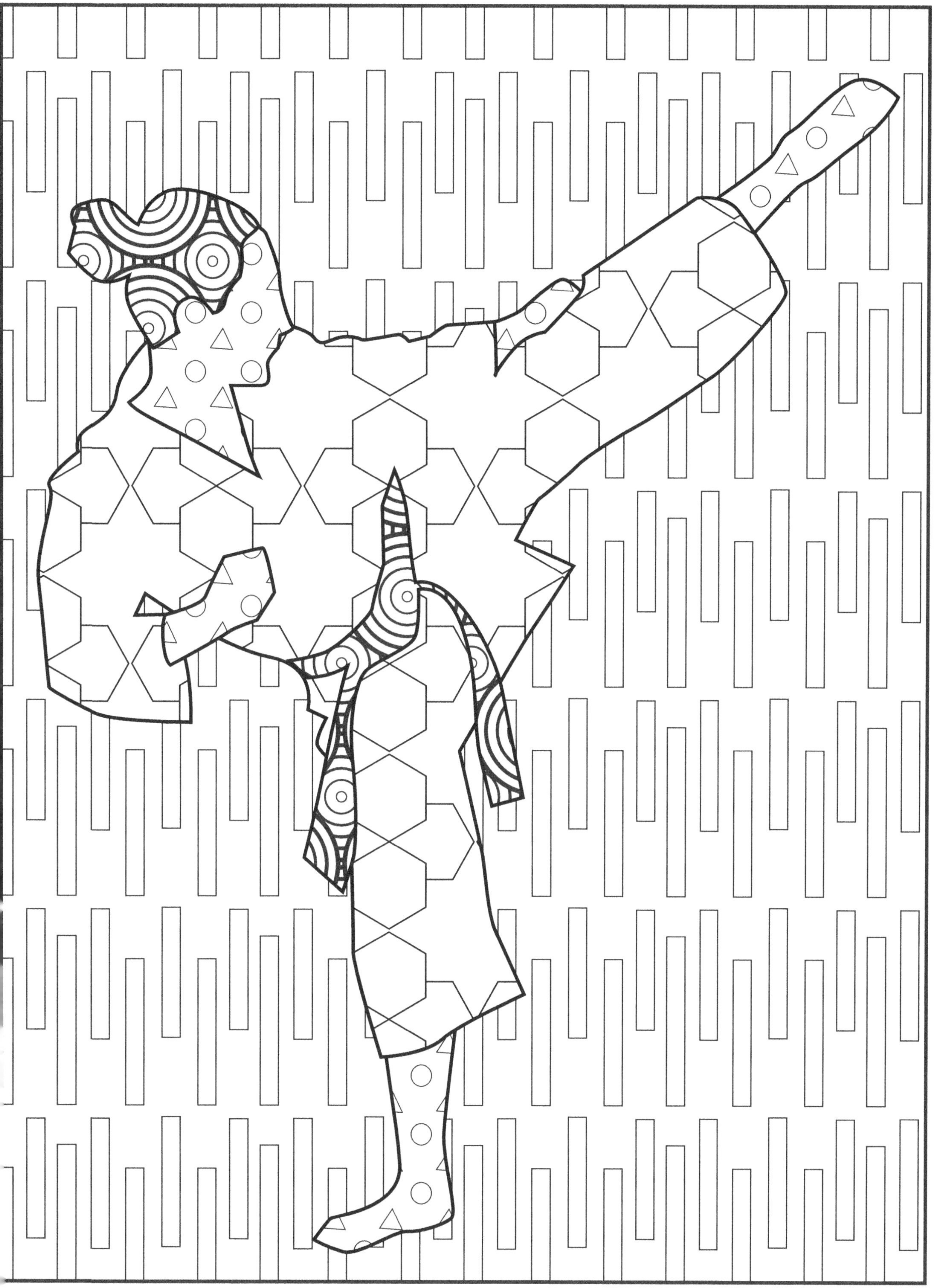

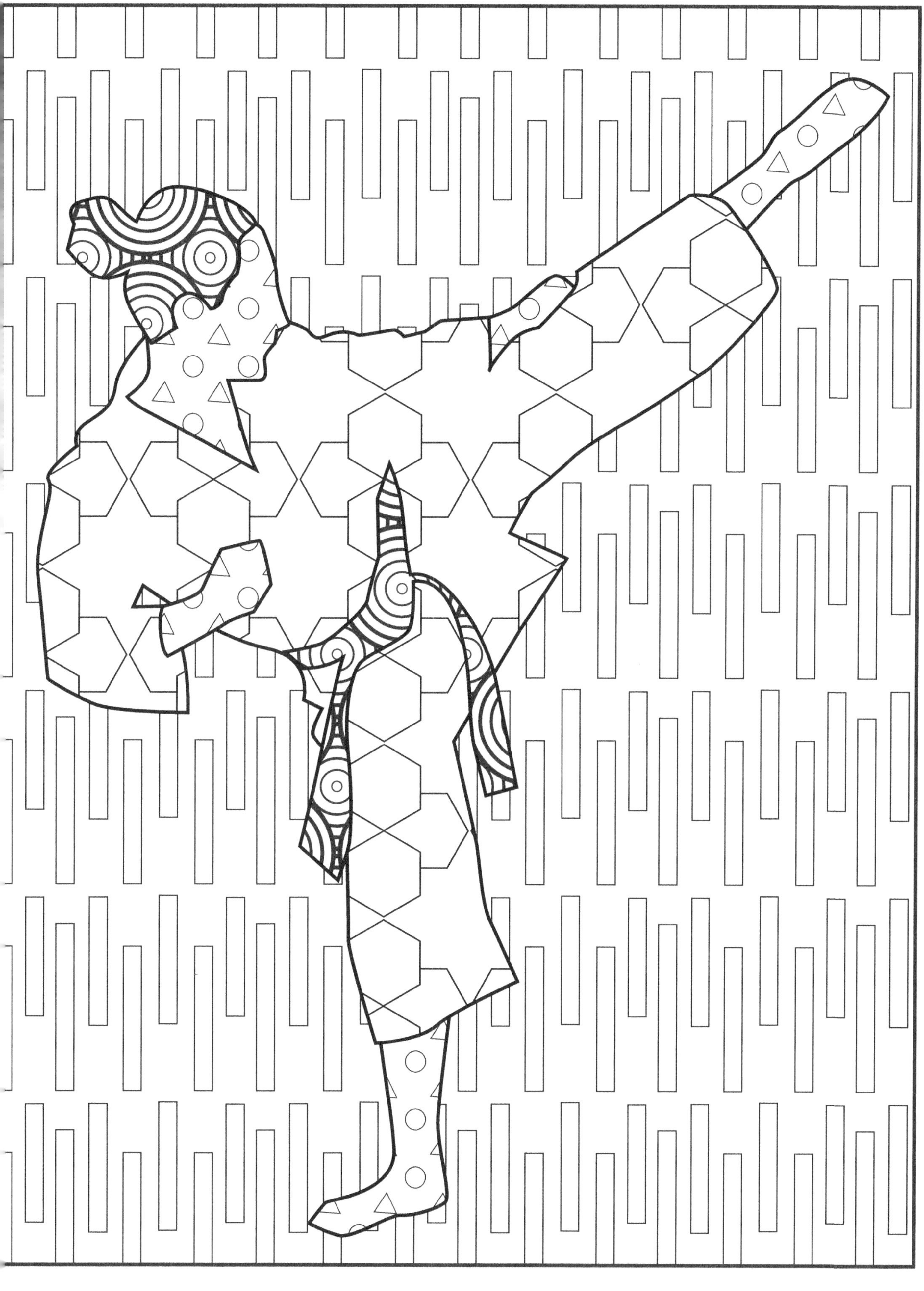

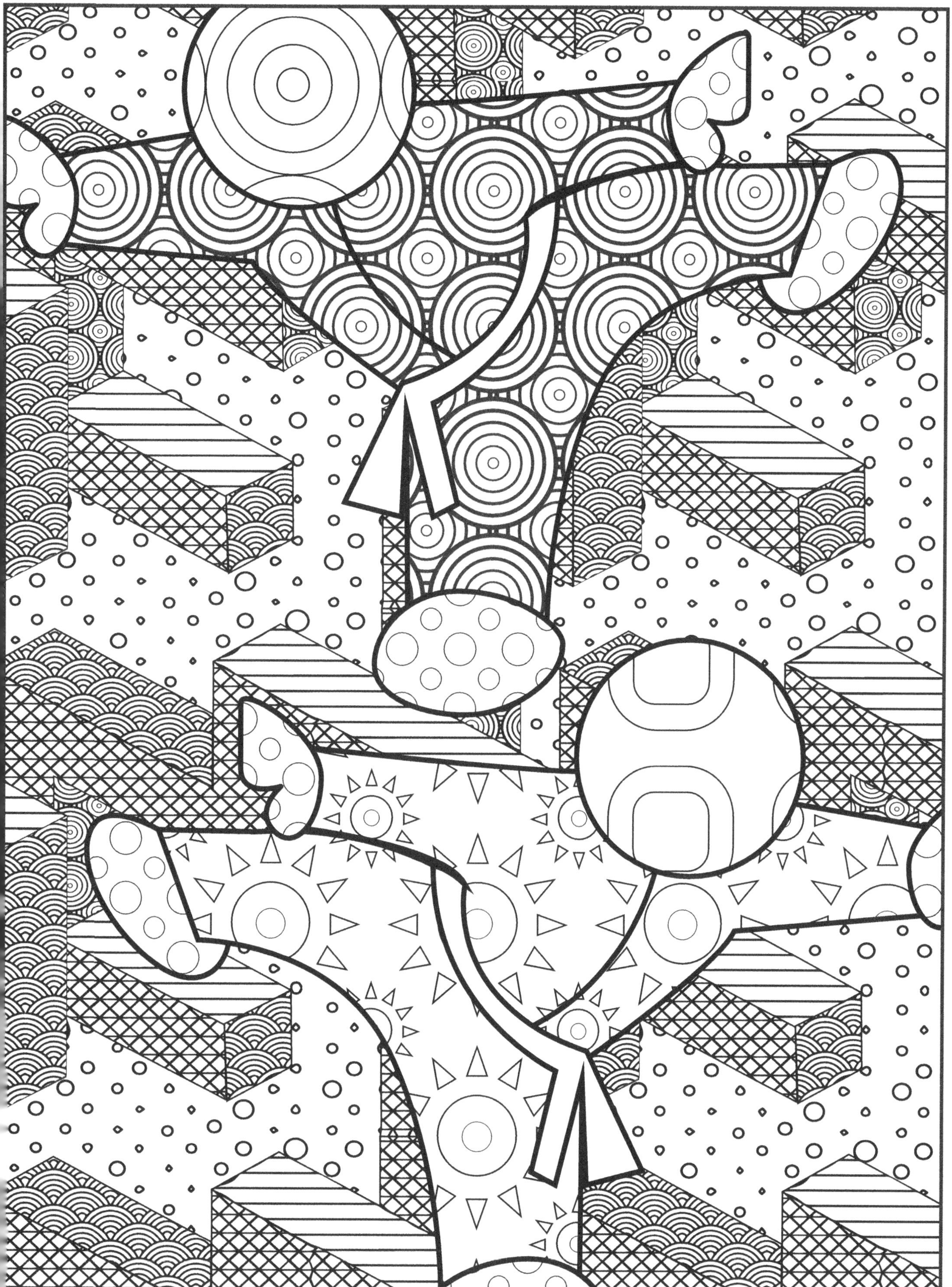

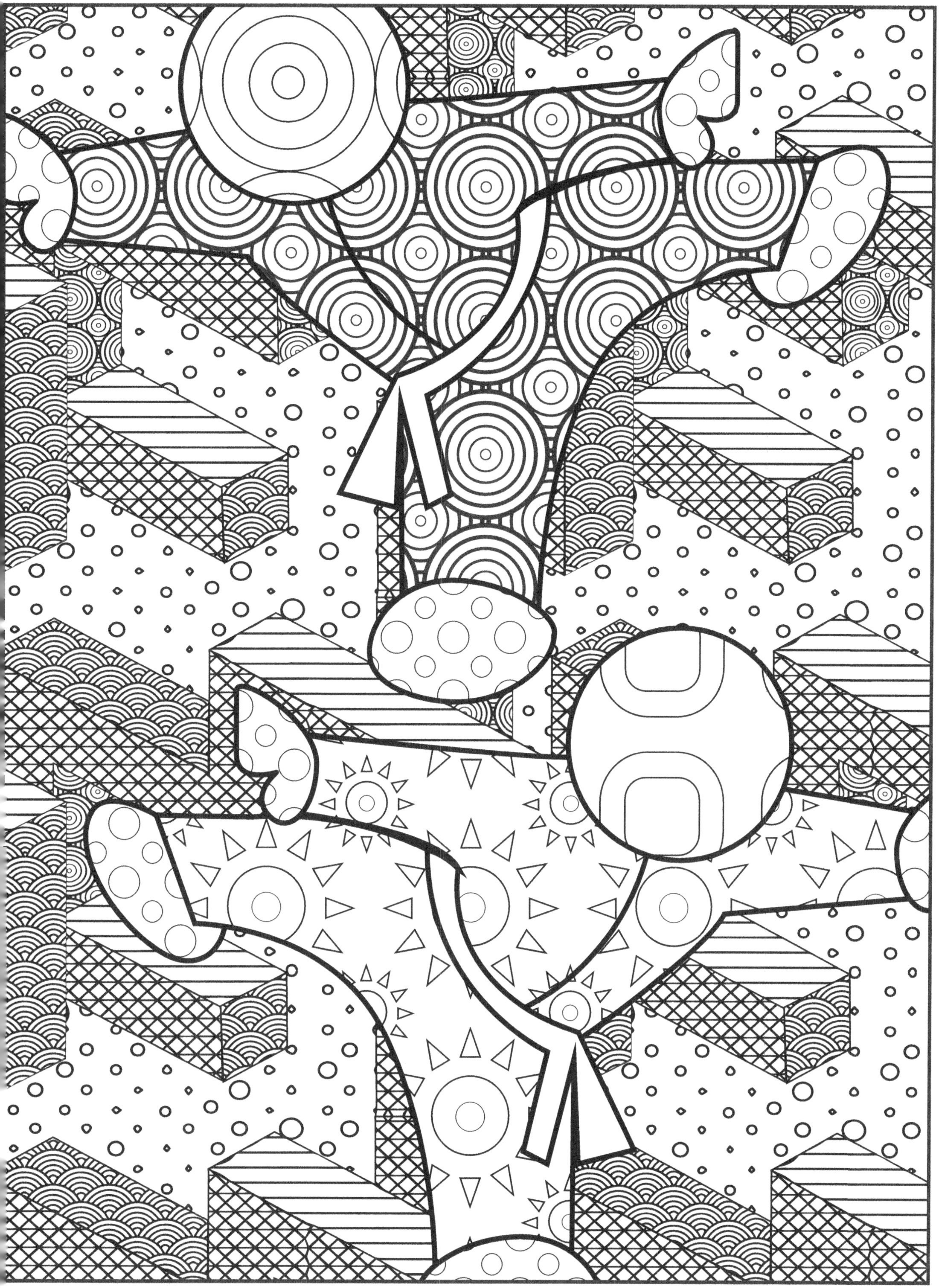

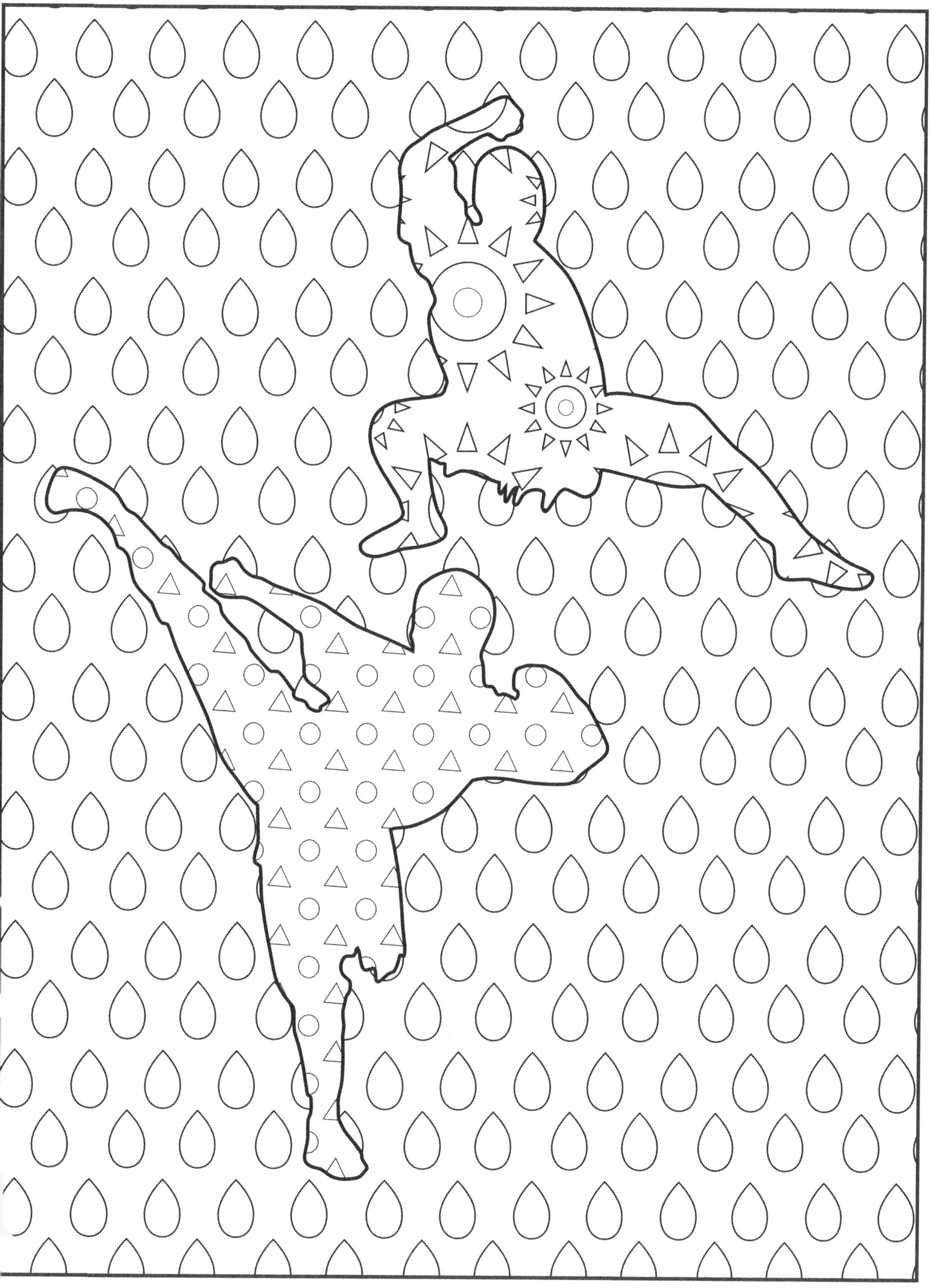

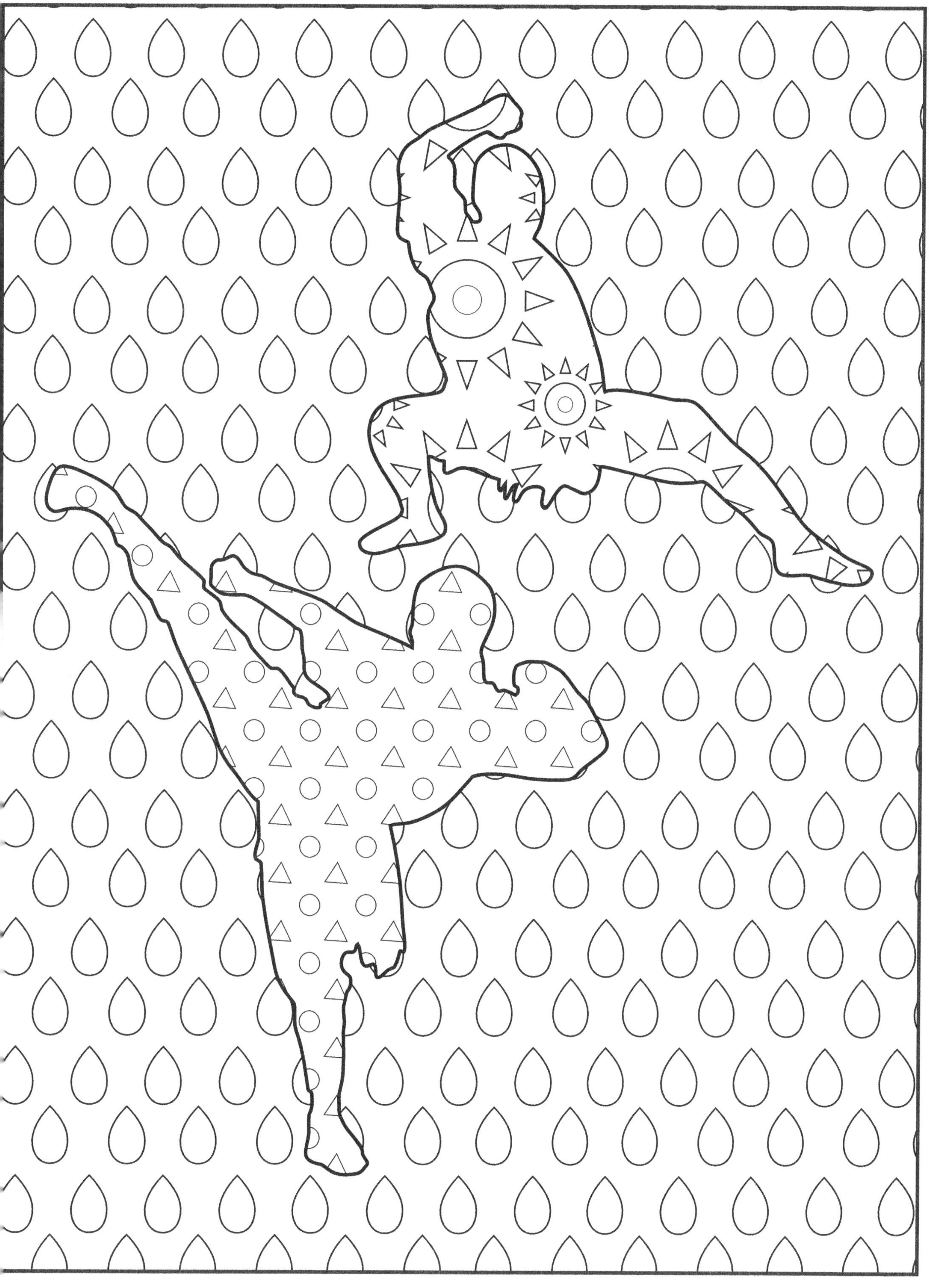

Made in the USA
Monee, IL
01 September 2023

41978162R00037